Le syndrome de la fourmi

Flora Ghebali

Le syndrome de la fourmi

Voir et dépasser les barrières mentales de l'inaction écologique

Éditions de L'Observatoire

ISBN : 979-10-329-2844-8
Dépôt legal : 2023, mai

170 *bis*, boulevard du Montparnasse, 75014 Paris

« J'avais peur d'avoir rien compris maintenant
J'ai peur qu'il y ait rien à comprendre
Piégé dans notre propre système
Prisonnier dans une sauvegarde bloquante »

ORELSAN

« Mais il ne s'agit plus de vivre, il faut régner. »

RACINE, *Bérénice.*

Sommaire

Avant-propos

Saviez-vous que lorsque l'on dessine un cercle autour d'une fourmi, elle est incapable de s'en échapper ? Elle croit que le trait de crayon est un mur et sa croyance l'empêche de bouger, d'avancer. Le « syndrome de la fourmi » est cet état pathologique qui nous empêche de passer à l'action en matière de transition écologique. Nous sommes parfois enfermés, comme les fourmis, dans des cercles dessinés au crayon. Ces barrières symboliques ne sont pas physiques, mais tout aussi réelles, et sûrement bien plus puissantes.

Depuis quelques années, j'expérimente les transitions sur le terrain : dans le monde associatif, en politique, au sein des entreprises et même dans les médias. J'y observe de nombreux paradoxes : la puissance des solutions et l'inertie, le besoin d'entrer de plain-pied dans un nouveau monde et l'incapacité à faire évoluer les récits, mais ce que j'observe avant tout, c'est la disparité de points de vue et d'idées reçues sur la question écologique. Pourquoi c'est « cool » d'être végan dans le XIe arrondissement de Paris et complètement ovniesque à d'autres endroits ? Comment peuvent cohabiter dans les mêmes espaces, les mêmes villes des personnes rongées par l'éco-anxiété et d'autres encore insensibles au sujet ? Pourquoi alors que certains disent que c'est le plus grand défi de l'histoire de l'humanité, nous n'arrivons pas à vraiment bouger sur ce sujet ?

Pourtant, l'écologie n'est ni un point de vue ni une idée reçue. C'est une réalité scientifique qui conditionne l'humanité au futur et au présent. Les projections à + 3 degrés sont des scénarios de films d'horreur, mais pour le moment, nous y allons tout droit. Pourquoi, alors que nous savons ce qu'il se passe et que nous savons comment ralentir la crise, nous ne faisons rien ? C'est cette question qui a motivé l'écriture de ce livre.

Introduction

Le syndrome de la fourmi

Alors que sont connus les risques des bouleversements écologiques, nous n'agissons pas à leur mesure. Nous avons les solutions, le GIEC a identifié 23 grands axes d'adaptation - comme améliorer l'efficacité de l'usage de l'eau ou renforcer les protections côtières - parmi lesquels 12 sont considérés comme « moyennement faciles » ou « faciles » à mettre en place, les autres, plus complexes, sont minoritaires. Nous savons qu'un humain sur deux, environ 3,5 milliards de personnes, vit dans des conditions « très vulnérables au réchauffement climatique » et aucun chantier d'adaptation d'ampleur n'est initié. Nous savons également que le coût de l'inaction est supérieur à celui de l'action, mais nous continuons de ne rien faire.

Revenons à cette histoire de fourmi. Le cercle que vous voyez sur la couverture représente nos systèmes et même au-delà, nos croyances collectives, nos barrières mentales. Pour le moment, la transition écologique a lieu au sein du cercle, et voici le problème : un système n'est rien d'autre qu'un ensemble de pratiques organisées en fonction d'un but, et au moment où nous avons élaboré nos systèmes, nous n'avions pas les mêmes buts. Nous ne savions pas que nous allions façonner nous-mêmes une nouvelle ère géologique, l'anthropocène, qui allait menacer notre capacité à vivre sur terre. Nous pouvons considérer que nous le savons depuis 1972, l'année de sortie du rapport Meadows qui disait déjà tout des limites de nos systèmes. Depuis, nous avons oscillé entre déni, actions contradictoires, discours politiques... mais nous n'avons pas réussi à faire évoluer nos systèmes. Nous échouons car nous n'entreprenons pour le moment que des changements à la marge. Nous refusons de faire un pas de côté pour étudier le cadre, d'entreprendre des mutations profondes alors que ce sont nos systèmes précisément qui, frappés de nombreux paradoxes, traversent des crises et attendent d'être réinventés.

Par systèmes, entendons d'abord système économique car le modèle basé sur l'extraction de ressources naturelles finies n'est pas soutenable, « la vérité qui dérange ne tient pas aux gaz à effet de serre, la voici : notre modèle économique est en guerre contre la vie sur terre[1] ».

Système politique ensuite, car la question du pouvoir est au cœur du sujet. Le pouvoir, dans nos démocraties contemporaines, est un lieu vide, insaisissable, « parce qu'il n'est jamais là où l'on croit, le pouvoir déçoit forcément[2] ». S'il est un lieu vide, il n'est pas une notion abstraite, il pose la question politique de la capacité à réussir. Avec l'émergence d'Internet, nos démocraties n'ont jamais été aussi concrètes, chacun peut prendre le pouvoir, et pourtant, il n'a jamais été aussi imperceptible.

Interrogeons le système libéral également puisque l'idéologie néolibérale guide nos sociétés occidentales, mais, un peu partout, sont élus démocratiquement des représentants illibéraux.

Les paradoxes dépassent l'économie et la politique : nos systèmes d'information sont défaillants, le flux d'informations n'a jamais été aussi abondant et pourtant des bulles cognitives créent une infinité de réalités parallèles et la désinformation nous menace. Les services privés, notamment les GAFAM, appartiennent à un nombre restreint d'actionnaires et s'imposent face aux services publics, privatisant le pouvoir. Le monde est devenu un village et nous n'avons pas de gouvernance mondiale. Nos sociétés sont bouleversées par le XXIe siècle et nous n'avons pas encore réussi à nous y adapter.

Enfin, nos systèmes démocratiques semblent limiter l'application des solutions. Ces solutions sont pourtant concrètes et accessibles, bien que plurielles et complexes, nécessitant technologies, transformations des organisations sociales, des modes de production, des infrastructures. Nous savons que le coût de l'action est moins important que celui de l'inaction. Or, depuis quelques années, l'anticipation est impossible au rythme des crises qui traversent les démocraties. Lorsque l'on prend la mesure du problème, on a un sentiment effrayant d'impasse laissant présager que la démocratie ne serait pas le bon système pour réussir la transition. Aujourd'hui, gouverner revient à réagir aux crises systémiques si bien que lorsque le président de la République a créé un commissariat au Plan, cela est apparu être un titre honorifique plutôt qu'un poste stratégique. Notre potentiel collectif d'adaptation est faible et le pilotage des crises arbitraire.

Ces crises systémiques auront des conséquences multiples dans les années à venir. Le développement de la résilience à court terme et un changement structurel des comportements humains sont les seules solutions.

Le chemin de la transition écologique n'est ni évident ni facile, mais il commence toujours par la décision d'agir, de mettre en cohérence les réalités scientifiques et les actes. Ce pouvoir d'agir semble néanmoins inaccessible et provoque un sentiment général d'impuissance - de petite fourmi - face à ces enjeux, comme si la mécanisation du monde empêchait désormais la gouvernance. Comment sommes-nous arrivés dans une ère où beaucoup de dirigeants qui se disent cartésiens font un déni scientifique ? Parce que l'idéologie néolibérale place la liberté individuelle au-dessus de tout, empêchant la prise de conscience des menaces de notre environnement. Les philosophes des Lumières avaient pourtant prévenu : la liberté des Modernes, c'est-à-dire la liberté individuelle qui « doit se composer de la jouissance paisible de l'indépendance privée[3] » ne doit pas entraver la liberté des Anciens, c'est-à-dire le partage du pouvoir social entre les citoyens, la citoyenneté. Mais, depuis la fin des Trente Glorieuses, le sens de l'intérêt général a changé, rendant complexe la construction de modèles de développement vertueux. Nous avons laissé les intérêts privés dépasser les intérêts collectifs et nous sommes tombés dans la démesure de notre système.

Et si l'écologie n'était pas une tare, mais une opportunité ? Et si le plus grand défi de l'histoire arrivait précisément au moment où s'impose le besoin de tout changer ? Que le réchauffement de la planète soit une menace est une affaire entendue, à ce titre nous pouvons nous féliciter d'avoir enfin gagné la bataille scientifique, même si tout reste à mettre en œuvre. Et si l'écologie pouvait nous aider à mieux vivre ensemble, en meilleure santé, dans de meilleures conditions d'épanouissement matérielles, morales et spirituelles ? Si l'écologie était le meilleur moyen de recréer du dialogue et des communs ?

Aujourd'hui, nous le savons, l'ère des crises ne fait que commencer. Il y a peu d'espoir de lendemains heureux sans une grande mutation, une transition de nos systèmes. La notion de transition est subtile par essence : elle comporte un caractère à la fois progressif et profond, sans être un simple ajustement ni une révolution brutale. Elle implique de multiples acteurs et un processus qui s'inscrit sur le temps long. Elle est transdisciplinaire, mêle aussi bien les sciences que la politique, l'économie et la culture.

***

La raison d'être de ce livre est d'agir. Pour ce faire, il faut faire sortir la fourmi du cercle, et cela implique de lever les blocages, casser les frontières symboliques pour inciter le plus grand nombre à dépasser les croyances et se mettre en mouvement. Cet enjeu est essentiel pour faire changer les politiques publiques et leur donner une chance d'exister en démocratie. Il s'agit donc de comprendre les causes et les conséquences de l'impasse du système qui empêche de regarder l'anthropocène dans les yeux et de changer les règles. Puis d'en finir avec le syndrome de la fourmi pour dessiner la civilisation écologique et créer les conditions d'une écologie politique.

Cet essai ne se veut ni optimiste ni pessimiste, juste une tentative de regarder les choses en face pour préparer l'avenir et réparer la société car ces dernières années, l'espoir de la transition écologique a laissé place à l'anxiété. Mais comme écrivait Camus, « l'espoir, au contraire de ce qu'on croit, équivaut à la résignation. Et vivre, c'est ne pas se résigner[4] ».

Chapitre 1

Admettre l'impasse du système

Tout le monde sait que la maison brûle

C'était un soir de décembre particulièrement froid, une amie me propose de l'accompagner au spectacle d'un humoriste très drôle. Le spectacle se termine, la salle est debout, il revient avec un maillot de l'équipe de France et nous dit : « Au fait, la France a gagné ! » Acclamation collective, une vague de chaleur se ressent dans la salle encore hilare, pendant un instant je suis transportée dans une émotion patriote et fraternelle, puis je me souviens que 6 500 ouvriers sont morts et que les stades étaient climatisés pour cette minute de joie. Mon visage se crispe, l'adrénaline redescend d'un coup et je regarde autour de moi : peu ont l'air traversés par cette pensée.

Pendant le Mondial, je faisais partie des boycotteurs sans effort, ceux qui ont une conscience écologique, mais qui surtout n'aiment pas spécialement le foot, facile. Mais parmi les boycotteurs, j'ai observé une chose plus profonde, une hypersensibilité, une intolérance envers l'injustice, qui nous empêchait de nous réjouir des exploits des Bleus. Disons que nous n'avons sûrement pas tous la même sensibilité. C'est peut-être d'une nature que naît l'engagement, l'incapacité à se résigner qui anime les lanceurs d'alerte, activistes et autres engagés. En tout cas, le président Macron n'avait pas l'air de ceux-là quand, au Qatar pour la demi-finale, il a dit : « ne mégotons pas sur notre plaisir ». Que fallait-il comprendre, alors que cette phrase retentissait le jour même de la révélation de corruption des députés européens par le Qatar ? Peut-on encore défendre l'insouciance quand nous allons vers le suicide collectif[1] ?

L'exemple de ce Mondial au Qatar est symptomatique de notre syndrome : savoir ne suffit pas à changer. Personne n'a pu rater les informations sur les multiples impairs du Qatar, un sondage réalisé la veille du premier match a montré qu'un quart des supporters étaient prêts à boycotter même si la France se hissait en finale[2] et pourtant le Mondial a fait les meilleures audiences TV de l'année, les mêmes qu'en 2018.

L'épisode Qatar n'est qu'un exemple supplémentaire de ce qu'on appelle parfois l'effet NIMBY, « *not in my backyard* ». C'est l'idée d'adhérer à une cause sans pour autant changer son comportement. C'est le *statu quo* dans lequel nous sommes actuellement. Tout le monde sait que la maison brûle et que le futur est compromis. Tout le monde sait que nous devons limiter le réchauffement climatique. Tout le monde sait que nous produisons trop de déchets. Tout le monde sait que les feux qui ont détruit 785 000 hectares en Europe en 2022 sont liés à l'activité humaine. Tout le monde sait que nous produisons trop et gaspillons trop. L'effet NIMBY est le fruit d'une lente prise de conscience qui aurait dû, logiquement, suffire à nous faire tout changer et pourtant, rien ne change. Pourtant, l'universalité de la donnée scientifique est le fruit d'un long combat mené sur plusieurs fronts.

En 1972, le rapport Meadows nous disait tout des limites de la croissance... Le rapport a fêté ses cinquante ans. Un siècle avant, en 1872, George Sand alertait sur la déforestation, « l'arbre disparaîtra et la fin de la planète viendra par la faute de l'homme ». La célèbre phrase de Jacques Chirac, « Notre maison brûle et nous regardons ailleurs », date de 2002. En 1976, Valéry Giscard d'Estaing donnait une interview sur l'impact de la bétonnisation sur la nature et notre bien-être. La COP21 a fixé l'objectif de 1,5 degré en 2015, deux ans plus tard, le président des États-Unis rejetait l'accord. Certains pesticides ont été jugés cancérigènes en 2005, et près de vingt ans plus tard, ils sont toujours en libre circulation sur le marché. Comment expliquer la dissonance entre la parole et les actes ?

Les écologistes ont longtemps été stigmatisés en babas cool, à l'inverse des valeurs du travail et de la performance louées par notre société, il suffit de regarder les publicités qui n'hésitaient pas à les tourner en dérision il y a dix ans. Et puis il faut le dire, les écologistes eux-mêmes n'ont pas aidé ; « pour le moment, l'écologie politique réussit l'exploit de paniquer les esprits et de les faire bâiller d'ennui », écrivait Bruno Latour. Le récit dominant nous a longtemps fait penser que l'écologie est un mouvement qui date des années 1970, qui vient des courants hippies, Mai 68, Woodstock. Les clichés ont bon dos enfermant le sujet à gauche, souvent sur un champ qui s'opposerait à la liberté. Mais heureusement, depuis dix ans, la prise de conscience s'accélère. Des courants économiques, scientifiques bousculent la pensée dominante, avec plus ou moins d'efficacité. Partout en France, l'acculturation écologique dépasse les courants politiques : les citoyens s'instruisent, se sensibilisent, se mobilisent. Une révolution de la pensée est en cours. Les films de Cyril Dion font des centaines de milliers d'entrées, les livres de Pablo Servigne sont des best-sellers et les jeunes sont dans la rue. La tendance est lente, mais elle progresse. Même les libéraux sensibles ont leur gourou : Jean-Marc Jancovici. Ingénieur de formation, polytechnicien, il fait des conférences aux millions de vues sur YouTube, intervient dans toutes les grandes écoles françaises, est invité à la matinale d'Inter et a même fait la couverture de *M*, le magazine du *Monde*. Il raconte le réchauffement climatique en BD grâce au talentueux Christophe Blain et en vend plus de 500 000 exemplaires. En parallèle, sa société Carbone 4 accompagne tout le CAC40 sur le processus de décarbonation. Son association The Shift Project forme des dizaines d'ingénieurs à devenir, à leur tour, de « mini-Janco » prêts à prêcher la bonne parole scientifique. Jean-Marc Jancovici a deux grands talents. Le premier, il est un ingénieur vulgarisateur, il sait - mieux que personne - user de métaphores, d'images, de symboles pour nous expliquer l'enjeu énergétique. Il utilise

Iron Man pour symboliser l'homme qui consomme autant d'énergies fossiles que nous et nous montre comment nous sommes devenus des super-héros. Il est si bon pédagogue que, tout en étant un fervent défenseur du nucléaire, il est apprécié des écologistes antinucléaires. Son deuxième talent, il n'en est pas responsable. Jean-Marc Jancovici est un homme, blanc, de plus de 50 ans, ingénieur, polytechnicien, consultant qui connaît et maîtrise les codes des dirigeants du néolibéralisme. Il est audible, il ouvre un peu le cercle de la fourmi. Il réussit à parler du fond car il est un allié sur la forme. La fin justifie les moyens. Ce qui est plus problématique, c'est que nos dirigeants ne l'écoutent qu'à moitié. Soyons clairs, Jean-Marc Jancovici ne décorrèle jamais l'usage du nucléaire de la décroissance. Il est décroissant. Sa position est limpide : « L'alternative à ne pas imposer de contrainte, c'est que la contrainte arrivera d'une manière qu'on n'a pas choisie. Beaucoup de gens sous-estiment cruellement "le sang et les larmes" qu'il faudra pour parvenir à la neutralité carbone. » Mais certains adeptes du nucléaire se disent Janco-*friendly* alors qu'ils préfèrent prôner la « croissance verte ». Le problème de celle-ci est qu'elle est fausse par définition. J'en ai fait l'expérience pratique sur le terrain, avec mon expérience de conseil en transition écologique. Quand un patron me demandait quel était le meilleur moyen de produire, je lui répondais, « le meilleur moyen, c'est de ne pas produire », ce qui ne jouait pas en ma faveur financièrement car c'était impossible de monétiser cette phrase. La croissance verte n'existe pas, au mieux elle limite un peu la casse, quoique 2022 ait été l'année avec le plus d'émissions de l'histoire tandis que la quasi-totalité des grandes entreprises s'est dotée de pôle de « responsabilité ». Alors oui, l'influence de Jancovici est très positive car il est crédible auprès de patrons, hommes politiques à qui il s'adresse sur le ton du rationnel, de la physique, de la science dite « dure », sur le ton du masculin, de l'ordre et de la raison. Jean-Marc Jancovici fait évoluer les consciences de ceux « qui ont le pouvoir » même si pour le moment ils ne se montrent pas prêts à passer vraiment à l'action.

Grâce aux différents lanceurs d'alerte agissant sur la diversité cognitive de notre société, nous avons enfin obtenu une première victoire : tout le monde sait ! Les climatosceptiques n'existent plus, ou du moins, ils sont suffisamment minoritaires pour ne plus avoir à s'en soucier. Ce que tout le monde sait aussi, c'est que nous ne pouvons agir seuls ; même si notre village gaulois ferait bien d'entrer en résistance, la bonne foi m'impose une confession : sans les autres nous ne ferons pas grand-chose. La première impasse est donc que la planète brûle, mais que nous regardons toujours ailleurs. En somme, nous n'avons pas pris la mesure de ce qu'il y avait à transformer.

L'absence de gouvernance mondiale

Lorsque j'étais étudiante en sciences politiques, on nous apprenait un certain cynisme. L'exercice de la note de synthèse exigeait de tenter de résoudre un problème global comme la faim dans le monde, l'illettrisme ou les inégalités. Le professeur qui corrigeait les épreuves blanches notait toujours en dessous de la moyenne ceux qui avaient envisagé une gouvernance mondiale, car « celle-ci est impossible ». C'était comme un labyrinthe sans issue. Nous devions résoudre des problématiques globales sans cadre juridique contraignant. S'il n'y a pas de gouvernance mondiale, il reste encore en Occident une idéologie dominante. Personne n'a réussi à remplacer les « maîtres du monde[3] » qu'ont été Thatcher et

Reagan. Aujourd'hui, nous ne rejetons collectivement ni l'un ni l'autre, alors qu'ils sont les architectes de la défaillance de nos systèmes.

Ils ont instauré des idéologies très puissantes résumables en un objectif : sortir l'État de tout. La puissance de leur récit politique est d'avoir assimilé cela a du progrès. Reagan et Thatcher ont régné sur l'économie mondiale et l'ont durablement modifiée. Ils ont donné durablement le pouvoir à une idéologie climaticide où « le système de production est devenu un système de destruction[4] », écrit Bruno Latour, et qui a failli sur le plan des inégalités. Certains ont tenté d'y apporter une modération : le New Labour de Blair, Strauss-Kahn, Obama, Hollande, Biden... Mais il semblerait que leur volonté de conjuguer économie de marché et politiques sociales et environnementales ne soit pas suffisante. Ce que nous enseigne le début du XXIe siècle, c'est sûrement que la politique progressiste ne suffit pas pour conduire une transition écologique efficace. Il semblerait donc que la rupture soit un passage obligatoire. Notre monde multipolaire fait des organisations internationales des lieux de réflexion, de propositions, mais sans pouvoir de contrainte. Cela crée un sentiment d'impuissance politique et augmente la défiance des citoyens.

Nous avons traversé le XXe siècle avec l'idée que les protectionnismes avaient conduit à des oppositions et des guerres entre les nations. Depuis, des institutions et des sommets n'ont cessé de voir le jour, pour affirmer l'ouverture du monde et soutenir la mondialisation. Depuis la chute du Mur, les instances mises en place pour reconstruire le monde à l'issue de la Seconde Guerre mondiale font office de gouvernance mondiale. Elles donnent l'illusion d'un traitement collégial des problèmes de la planète, mais n'ont pas de pouvoir de contrainte. Elles prennent des décisions incitatives, des « guidelines » à suivre sans cadre juridique. Les sommets internationaux comme le sommet de la Terre, les COP, sommet mondial des Océans, se succèdent sans voir émerger de résultats tangibles. L'échec du cycle de Doha sur le commerce, les progrès limités des négociations climat ou encore le maigre bilan du sommet de la Terre « Rio + 20 » inquiètent quant à la capacité de l'humanité à se saisir collectivement des grands enjeux auxquels elle doit faire face. La communauté internationale donne la plupart du temps l'impression de ne plus peser sur le cours de la mondialisation. D'un côté, il semblerait que tout se règle au niveau supra-national, de l'autre, sans coopération des États, rien n'est possible, voilà la seconde impasse relevée. Comment sortir de cette impasse pour permettre à la planète de se doter de règles collectives adaptées ?

La dangereuse apathie politique ?

Lors de l'élection présidentielle de 2022, Emmanuel Macron, président réélu, est arrivé troisième chez les 18-35 ans au premier tour et deuxième chez les 35-60 ans. Il n'est donc ni le gagnant des actifs ni celui des plus jeunes. Le désengagement politique n'est pas simplement un problème de communication politique comme on pourrait le croire et Emmanuel Macron en est la preuve, car il communique bien. Le problème est plus profond : manque d'éducation à la citoyenneté, fin de la culture militante, éclatement de l'information... les Français ont perdu le sens du vote, ils ont aussi une indifférence à son égard. Il faut l'avouer, une telle abstention donne raison à nos aînés, nous sommes « désengagés », « individualistes », « trop mondialisés »... nous sommes devenus apathiques.

L'une des causes de cette apathie est la crise de sens que nous traversons. Nous nous trouvons dans ce que Durkheim appelle l'anomie : lorsque les règles sociales qui guident nos conduites, nos aspirations, perdent leur pouvoir, deviennent incompatibles entre elles. Une société ne peut se passer de cohésion et de régularité, et en ce moment nous passons d'un état d'urgence à l'autre. De nombreux facteurs nous ont conduits vers cette crise de sens dangereuse : parmi eux, la supra-nationalisation du droit causant une illisibilité et les valeurs néolibérales faisant primer l'individu sur le collectif. L'anomie crée le vide qui entraîne notre apathie. Et le vide crée des pensées totalitaires qui se répandent rapidement autour de nous, notamment dans les démocraties illibérales, c'est-à-dire les démocraties sans libéralisme constitutionnel. Comment va-t-on changer le monde, précisément éviter le chaos climatique, avec une génération d'apathiques ? Je me plaignais de voir encore des soixante-huitards chaque soirée électorale à la télévision, en prime time, défendre leurs positions, devenues complètement ringardes, et pourtant ils l'ont faite leur révolution, eux. Sommes-nous capables de faire la nôtre ? Notre apathie est dangereuse car elle laisse les apeurés du système voter aux extrêmes et empêche les constructifs, les progressistes de se rassembler et de faire front. Comme l'écrit Hannah Arendt, « c'est dans le vide de la pensée que s'inscrit le mal ». Dans un monde toujours changeant et incompréhensible, les masses croient simultanément en tout et en rien. D'un côté, elles pensent que tout est possible, de l'autre que rien n'est vrai. Dans *Les Origines du totalitarisme*, elle tente de comprendre comment se sont construits les systèmes totalitaires et l'une de ses réponses est que les masses étaient prêtes à croire le pire, peu importe l'absurdité du propos, puisque de toute façon elles pensaient que toute information était mensongère. Lire Hannah Arendt à l'époque des *fake news* est d'une inquiétante actualité. Cependant, cette apathie politique n'empêche pas une révolution des consciences, loin des barricades.

Si depuis Mai 68 les outils ont changé, ne doutons pas qu'une révolution douce soit à l'œuvre dans notre société. Les jeunes générations n'ont jamais été autant en quête, dans un état de conscience écologique, de recherche du bonheur et d'une liberté qui a du sens.

Dans ce moment où nous avons perdu notre boussole, nous avons besoin d'une narration commune. C'est le récit qui fait notre identité et c'est de celui-ci que découle la décision politique. Et pourtant, la France a du mal avec ses récits, on se veut encore l'empire d'antan, la France de De Gaulle qui, déjà alors, perdait de sa puissance. Notre identité émane de notre mémoire collective faite de notre capacité d'identification à ces récits. Et c'est pour cette raison qu'il est dangereux de confier le pouvoir à ceux qui défont l'histoire. Car l'histoire est notre commun, notre identité, une interprétation de soi, du monde et des autres[5]. Cette identité est aujourd'hui instable, et peu commune. Un véritable archipel[6] qui se disloque. L'enjeu politique est désormais un enjeu de reconnaissance. Le mouvement des Gilets jaunes portait-il davantage sur une demande de pouvoir d'achat ou sur une demande de reconnaissance ? Si la reconnaissance vise la justice sociale et la capacité de libérer les individus, la liberté existe-t-elle sans reconnaissance ? Nous avons quitté l'ambition de reconnaissance pour entrer dans la société liquide, d'après la formule de Zygmunt Bauman. Dans cette société, l'unique référence est l'individu intégré par son acte de consommation. « La modernité liquide ne se fixe aucun objectif et ne trace aucune ligne d'arrivée ; plus précisément, elle n'attribue la qualité de la permanence qu'à l'état d'éphémère. Le temps s'écoule, il n'avance plus. » Notre société façonnée par le modèle économique néolibéral a créé une injonction de s'adapter au monde contemporain, qui évolue très vite et est fait d'une liberté incertaine, sans en fournir les moyens, c'est-à-dire une capacité d'adaptation et une sécurité rassurante. Avec la société liquide, le bien commun n'appartient plus à personne et la liberté appartient à ceux qui en ont les moyens. Pourtant, nous devons retrouver une société basée sur la reconnaissance à partir d'un espace de pouvoir commun, pour sortir de notre apathie politique. Le but de notre société est la liberté et pourtant nous sommes enfermés dans des abonnements, des services clients infernaux, de nouveaux besoins de consommation et des frustrations marketing. La troisième impasse est cette apathie qui nous empêche d'organiser correctement la cité. Sommes-nous encore des animaux politiques ?

Les dérives du capitalisme actionnarial

Dans le modèle du capitalisme actionnarial, l'entreprise a pour mission de dégager un maximum de profit pour ses actionnaires. De ce fait, le rôle d'un dirigeant d'entreprise est de générer ce profit dans un minimum de temps. Dans ce système, les besoins sociaux et les limites planétaires seront toujours secondaires. Même s'ils sont pris en compte, ils ne pourront pas défaire les règles du jeu. Depuis 2017, la loi Pacte permet aux entreprises de se doter d'une raison d'être d'intérêt général et de devenir des entreprises à mission au sein même de leurs statuts juridiques. Jusqu'alors, il y avait un vide juridique quant à la définition de l'entreprise dans notre droit. Cette loi permet de redéfinir les objectifs et donc de faire évoluer notre système. Malheureusement, le sujet est encore pris à la marge.

Dans le monde financier, l'antagonisme entre le court-termisme et le long-termisme de l'action écologique est trop fort. La « tragédie des horizons[7] » théorisait ce gap entre les intérêts de court terme de la finance et ses intérêts de long terme : la finance est dans l'impasse et risque de perdre des milliards à cause du réchauffement climatique. Malgré une prise de conscience planétaire des acteurs financiers, les Green bonds, les obligations vertes qui financent des projets de transition énergétique, représentent encore moins de 0,01 % du marché obligataire mondial[8]. Le problème de fond dans les milieux économiques et financiers vient notamment de la formation de ses acteurs. Il s'agit de protagonistes formés au plus haut niveau, dans les meilleures universités, et qui ont pourtant un niveau de conscience et de responsabilité globalement assez bas. Il faudrait sûrement réformer en profondeur l'éducation des élites économiques pour obtenir des changements durables.

La « tragédie des communs[9] », quant à elle, décrit les conséquences néfastes de l'association de recherche de profit individuel et d'utilisation de ressources communes gratuites. Les acteurs économiques privatisent ainsi la nature pour l'exploiter à des fins privées. Ils épuisent des ressources pour faire du profit, c'est le propre de notre modèle extractif. Ce modèle de surexploitation des ressources généré par la recherche de croissance crée un conflit entre l'intérêt individuel et le bien commun.

Dans notre société de consommation, ce conflit alimente une obstination malsaine pour la croissance en faisant passer la sobriété pour liberticide et punitive[10]. Pour accepter une culture de la sobriété, il nous faudrait nous interroger individuellement sur l'impact et le caractère essentiel de chacun de nos biens matériels. Certains nous paraissent absolument essentiels, mais ils sont très dommageables pour la planète. S'il était équitable, un smartphone coûterait environ cinq fois plus cher. Pour faire baisser son coût d'accès, les producteurs utilisent le travail, parfois forcé, sous-payé, souvent en dessous de l'âge légal, etc. C'est un objet extractiviste, qui utilise des métaux divers comme le cuivre, l'aluminium, le zinc, l'or, l'argent, le lithium, le cobalt, dont l'extraction détruit les milieux naturels. C'est un objet obsolescent et peu recyclable. Le smartphone est une impasse écologique et sociale[11]. Et pourtant, imaginer renoncer à son smartphone nous paraît impossible. Mais avec un peu de recul, on observe qu'il y a quinze ans, il n'y avait pas de smartphone et nous vivions bien - mieux même si on décompte toutes les personnes harcelées, impactées par le règne des images, addictes à la consommation en ligne, etc. Le smartphone est un symptôme de l'impasse écologique : si nous renonçons, nous sortons du système social et professionnel, en même temps, nous avons conscience de l'impact catastrophique de cet objet. Notre mode de vie est tellement associé aux notions de liberté et de progrès que rien ne paraît plus difficile que de renoncer à un objet, un usage. Les objets connectés nous semblent, par exemple, aller dans le sens du progrès, mais qu'y a-t-il d'essentiel à recevoir une notification sur son téléphone quand la cuisson de son four est prête ? Chercher la cohérence dans ses actes de consommation est impossible au sein de notre système. Pour réduire son bilan carbone à deux tonnes[12], il faudrait renoncer à bien des choses, l'avion par exemple sauf cas très exceptionnel. Mais comment priver une génération de sa liberté de voyager, de se déplacer, de découvrir le monde ? Choisir c'est renoncer, mais comment apprendre à renoncer dans notre société de consommation qui prétend nous apporter tout en quelques clics ? Il suffit d'aller sur Amazon, allégorie de l'impasse, d'attendre vingt-quatre heures et vous obtenez ce que vous voulez. Le capitalisme actionnarial fait une erreur, il considère l'argent comme une fin plutôt qu'un moyen, voilà la quatrième impasse.

L'effet NIMBY, qui nous fait adhérer à une cause sans vouloir qu'elle ait de l'impact sur nos vies, combiné à l'absence de gouvernance mondiale, l'apathie politique grandissante de notre société, conséquence directe de l'idéologie néolibérale, et la financiarisation du capitalisme actionnarial sont les murailles qui nous empêchent de penser les transitions. Mais comment en sommes-nous arrivés à des systèmes si complexes qu'ils semblent impossibles à modifier ?

Chapitre 2

Regarder l'anthropocène dans les yeux

La première étape pour sortir de l'impasse est de regarder la réalité de la situation écologique en face. Le GIEC est clair, nous devons sonner l'état d'urgence maintenant pour inverser la courbe du réchauffement climatique dans les trois ans. L'enjeu est de lier ces constats scientifiques à nos modèles de société, à nos systèmes d'entreprise, à la façon dont nous envisageons demain, pour réussir à entrevoir le chantier qui est devant nous. Si l'écologie est de plus en plus présente dans les discussions, les débats publics, elle reste un objet vaste, complexe, presque intouchable. Certains pensent spontanément à des poubelles de tri, un parti politique ou l'augmentation des prix de l'essence. D'autres imaginent une vie rurale, éclairée à la bougie, un modèle de vie « amish ». L'écologie, c'est tout cela à la fois et beaucoup plus. L'écologie est un enjeu systémique qui questionne notre rapport au monde et au vivant, nos relations internationales et nos interactions entre civilisations.

Le cœur du sujet écologique

Notre ère, l'anthropocène, est la première ère de l'histoire façonnée par l'homme, une nouvelle époque géologique au sein de laquelle les hommes deviennent une force supérieure aux forces géophysiques. Elle désigne « l'ère des hommes ». Pendant plus de 12 000 ans, l'humanité s'est développée au sein d'une ère géologique particulièrement favorable que l'on nomme l'holocène, qui avec des températures élevées et stables, a permis les migrations des populations vers le nord, ainsi que la naissance de l'agriculture et de l'industrie. L'avènement de l'industrie, depuis le XVIIIe siècle, accélérée par les tests nucléaires du XXe siècle, a bouleversé la planète et a altéré notre ère géologique. En 2016, le Congrès international de géologie qui se tenait en Afrique du Sud a pris officiellement acte du commencement de l'anthropocène.

Cette ère nouvelle comporte des risques très violents pour l'humanité : parmi eux, le déclin de la nature et la sixième extinction de masse en cours. Cela entraîne la disparition d'une espèce animale ou végétale toutes les vingt minutes, et favorise la transmission de virus vers l'humain. Risques de pénuries dues à la raréfaction des ressources naturelles, minières ou fossiles qui entraîneront des chocs économiques et politiques. Le risque de réchauffement climatique que nos dirigeants se sont engagés à maintenir à 1,5 degré à la COP21 en 2015 se profile déjà pour avoisiner les 3 degrés. Échec politique.

« Si nous persistons dans cette voie, le futur de notre espèce est sombre », écrivaient 1 000 scientifiques révoltés qui appelaient à la désobéissance civile dans *Le Monde* en 2020. Ainsi, aux quatre coins du monde, les scientifiques rejoignent des mouvements citoyens, alertent les médias, entrent en politique. Des scientifiques devenus activistes. Nous devons adhérer à cette radicalité de la part de ceux qui savent.

L'interdépendance signifie la dépendance mutuelle entre les êtres humains *et* avec le reste du vivant. La pandémie du Covid-19 a été une démonstration du premier point alors que nous manquions de masques, de gel et de vaccins. Celle du second point est moins évidente car nous voyons la nature comme un décor.

Pourtant, nous avons besoin de l'océan pour produire de l'oxygène, des plantes pour produire de l'alimentation et obtenir de l'énergie, nous sommes le fruit « d'inextricables pelotes d'interdépendances[1] ». Nous dépendons d'une infinité d'espèces pour nous assurer air, eau, nutriments, matériaux et lieux habitables. Énoncés par Darwin, confirmés par Harari, les organismes qui survivent le mieux aux conditions difficiles ne sont pas les plus forts, mais bien ceux qui parviennent à nourrir ces liens d'interdépendance et de coopération. Notion encore loin de l'universalité. Lorsque les uns font des essais nucléaires, que les autres déforestent ou même quand moi, j'explique à mon oncle que les contraceptions des femmes déversées par les urines rendent stériles les poissons d'eau douce et qu'il me répond « on survivra dans un monde sans truites »... la route est longue.

L'interdépendance est le principe même du vivant, le cœur de la philosophie écologique. Ce principe, qui définit l'écologie, est absent de notre droit de l'environnement qui est centré seulement sur l'humain. Nos lois ne savent pas encadrer les actions mortifères des hommes. À l'ère de l'anthropocène, il faut sortir de notre anthropocentrisme et comprendre que la nature n'est pas un décor. En écologie profonde, on lie l'existence à des notions d'horizontalité : « être, c'est appartenir à un immense réseau de relations qui ne se limite pas seulement à l'espèce humaine, il englobe toutes les formes de vie », nous dit le philosophe indien Satish Kumar. Savoir vivre serait donc savoir ménager son réseau de relations avec les autres êtres humains et les autres êtres vivants. Pour l'heure, nous vivons sous le règne de l'extraction verticale de matières premières pour créer notre bien-être. Au démarrage, le libéralisme n'imaginait pas que les ressources planétaires étaient limitées. Aujourd'hui encore, on apprend à l'école que Malthus avait tort sans nuance, que l'accroissement des populations ne limiterait pas l'accès aux ressources, car s'ensuivrait l'accroissement des moyens de production. Mais Malthus avait raison, du moins conceptuellement, une croissance infinie dans un monde aux ressources finies, ça ne peut pas fonctionner. Assimiler l'interdépendance, c'est accepter une vision cyclique du monde.

Les conséquences écologiques de notre système politique

La mécanisation du monde en cours depuis la révolution industrielle a changé nos modes de fonctionnement, au point de créer des êtres humains, comme moi, urbains, déconnectés de la nature, qui habitent un environnement mort, le béton, et ignorent tout du vivant. Impossible pour nous de défendre spontanément ce vivant, car il me semble que nous défendons ce que nous aimons, et nous aimons ce que nous connaissons. Il faut clarifier les bases de notre modèle afin d'éviter l'écueil récurrent du « c'est notre modèle qui veut ça ! » que l'on me rétorque fréquemment. Libéralisme, démocratie, capitalisme, croissance, mondialisation, parfois tous ces termes se mélangent pour désigner plus ou moins le système politique dans lequel nous vivons.

L'émergence du libéralisme intervient en Europe à une époque largement dominée par le système monarchique et religieux. Le libéralisme apporte alors des réponses à un besoin d'émancipation des individus en proposant d'ériger certains droits individuels comme droits fondamentaux. Dès le début, cette liberté individuelle est tempérée par la citoyenneté[2], selon l'adage « la liberté des uns s'arrête là où commence celle des autres ». On distingue alors deux courants, la liberté des Anciens qui repose sur le civisme et une faible séparation entre vie privée et vie publique et la liberté des Modernes, l'émancipation individuelle, la nécessité d'être libre à l'échelle individuelle. Le danger de la liberté des Anciens repose sur une aliénation de l'individu, que l'État écrase. Mais le danger qui guette la liberté des Modernes est, comme le suggère Tocqueville, que l'individu soit trop absorbé par la poursuite de ses intérêts individuels et renonce à ses droits de partage du pouvoir politique - mettant ainsi en danger sa liberté individuelle, puisque c'est le pouvoir politique qui en assure la sauvegarde et la protection. Les philosophes des Lumières - Anciens et Modernes - s'accordent pour dire que la liberté collective doit encadrer la liberté individuelle. La liberté ne fonctionne pas sans citoyenneté en somme. En complément, l'État de droit apporte une réponse institutionnelle au besoin de coexistence des libertés individuelles et collectives. Cet État de droit fondateur de l'organisation du pouvoir contemporain permet de poser le cadre de nos libertés : la loi organise et la justice permet de régler les conflits. Ces principes sont les piliers de notre système politique illustrés par la Déclaration des droits de l'homme et du citoyen de 1789. Le système de gouvernance issu de cette idéologie est la démocratie, qui à l'époque des penseurs des Lumières ne faisait pas consensus car elle créerait de l'individualisme. Selon Tocqueville, l'envers sombre des démocraties est le moment où les citoyens vont « abandonner la grande société elle-même pour recréer autour d'eux une petite société à leur usage ». Le risque de cet individualisme est l'abandon de la société. Ce passage prophétique de 1830 avait anticipé la création des microsociétés qui nous éloignent des communs[3]. Le libéralisme a tout de suite fonctionné avec le capitalisme car ces deux courants ont un ennemi commun : l'État. La révolution industrielle permet de mettre en œuvre tous ces concepts autour d'un enjeu transcendant : le développement et l'émancipation des individus – plutôt de certains d'entre eux. La politique encadre cette révolution grâce à l'État de droit, participe aux grands chantiers de notre monde moderne : transports, alimentation, urbanisme... et depuis plus de deux siècles, libéralisme et capitalisme s'auto-alimentent au service du même objectif. Les conditions politiques et législatives – critiquées par les mouvements sociaux et les théoriciens à l'image de Karl Marx – évolueront tantôt pour poser un cadre plus souple, encourageant le marché, la propriété et le libre-échange, tantôt pour protéger les travailleurs et instaurer un État social. Cette dichotomie est la base du logiciel politique du XXe siècle, incarné par la droite et la gauche, devenu obsolète depuis quelques années. Dans les années 1960, le libéralisme a muté vers un nouveau système modifiant ses valeurs et ses composantes. Milton Friedman transforme alors le principe économique de dérégulation des marchés en idéologie politique. Ce concept théorique mis en œuvre en politique par Thatcher puis Reagan signe le passage du libéralisme vers le néo-libéralisme. Depuis, la mondialisation et Internet ont permis à cette idéologie de circuler dans le monde entier, notamment en France, où cette culture importée est devenue dominante. La chute du mur de Berlin a amplifié la diffusion de ce modèle en accélérant la mondialisation et en érigeant ce modèle comme victorieux. Depuis, la révolution internet a permis de faire évoluer encore ce modèle en ajoutant de la rapidité à nos échanges et en permettant à certains de contourner les États de droit grâce à l'immatérialité du réseau.

Cette histoire a de nombreuses conséquences sur notre situation devenue critique. La première est bien sûr scientifique : le modèle économique de la révolution industrielle est basé sur l'extraction de ressources naturelles qui s'épuisent. La nature n'est pas pensée comme partie prenante des activités humaines. La volonté de puissance économique passe par la puissance énergétique qui conduit à l'extraction d'énergies fossiles. La nécessité d'une agriculture massive conduit à la déforestation et à l'agriculture intensive. L'utilisation massive de l'énergie a conduit la planète à se réchauffer d'1,1 degré et chaque dixième de degré supplémentaire va augmenter les risques.

Après la révolution conservatrice de Thatcher, les États ont libéré et renforcé les multinationales émettrices de carbone. Dans les années 1990, alors que le processus d'intégration des marchés s'intensifiait, les émissions ont augmenté d'environ 1 % par an. Dans les années 2000, alors que les marchés émergents comme la Chine ont pleinement intégré l'économie mondiale, la croissance des émissions a augmenté de 3,4 %. Depuis, les émissions ne cessent d'augmenter, sauf pendant les crises - financière de 2008 et Covid de 2020 - qui enregistrent un léger recul, suivi d'un boom d'émissions juste après. En 2021, nous avons battu un record d'émissions, 6 % de plus, soit le plus haut niveau jamais atteint[4]. Pour atteindre l'objectif de la COP21 de limiter les émissions à 2 %, il faudrait que les pays riches réduisent leurs émissions de 8 à 10 % par an. Ces baisses n'ont eu lieu par le passé que dans des contextes de grande dépression et d'effondrement. En résumé, l'économie et la planète sont en guerre[5]. Une guerre très particulière dont nous ne savons pas bien qui a le pouvoir d'y mettre un terme. Une guerre qui nous donne le sentiment d'être coincés entre ces mots qui nous semblaient vertueux : libéralisme, État de droit, capitalisme, démocratie, et qui s'avèrent mortifères. Piège cognitif, équation aux inconnues trop nombreuses, énigme inédite, le nouveau régime climatique[6] crée de nouvelles grilles de lecture complexes imbriquant ce qui nous semblait « bien » et ce qui nous semblait « mal ». Alors oui, il y a l'hypothèse Elon Musk : « Nous aurons bientôt détruit cette planète, c'est la raison pour laquelle nous devons au plus vite en peupler de nouvelles[7]. » Autrement dit, l'hypothèse du progrès technologique qui défend le « solutionnisme[8] ».

Les conséquences politiques de notre système économique

La crise écologique que nous traversons nous invite à une remise en question plus profonde de nos systèmes politiques, devenus des systèmes économiques. On gère l'État comme une entreprise et les conséquences sont telles que notre modèle est à bout de souffle.

Parmi les conséquences, les inégalités. Le capitalisme est, par nature, une machine à fabriquer des inégalités de richesses exponentielles ; les ouvrages de Thomas Piketty, entre autres, le démontrent. Sa thèse repose sur une loi fondamentale du capitalisme : le taux de rendement du capital - intérêts, dividendes, royalties, loyers, plus-values financières et immobilières... - est supérieur à la croissance économique, dont dépend la progression des revenus du travail. Les revenus des placements croissant plus vite que les salaires, il est donc plus facile d'épargner pour le capitaliste afin de faire grossir son patrimoine que pour le travailleur qui doit s'en constituer un. La crise du Covid a encore amplifié ce constat. La fortune des milliardaires dans le monde a plus augmenté en 19 mois de pandémie qu'au cours de la dernière décennie. Le monde compte un nouveau milliardaire toutes les 26 heures, alors que 160 millions de personnes sont tombées dans la pauvreté. Les 5 premières fortunes de France ont doublé leur richesse, elles possèdent à elles seules autant que les 40 % les plus pauvres en France. Avec les 236 milliards supplémentaires engrangés en 19 mois par les milliardaires français, on pourrait quadrupler le budget de l'hôpital public. Si la fortune des milliardaires a autant augmenté, c'est notamment en raison de l'argent public versé par les gouvernements et les banques centrales dont ils ont pu profiter grâce à une montée en flèche des cours des actions.

Ces quarante dernières années, la dérégulation du marché du travail et les politiques fiscales ont construit une économie au service des 1 % les plus riches. Ces politiques sont insoutenables et notre système ne semble pas capable d'y apporter des réponses. C'est sûrement la principale raison pour laquelle de nombreux pays se tournent vers des candidats populistes, qui font croire qu'ils ont le pouvoir de changer ce système. Ces mandats menacent la démocratie à grande échelle et nous conduisent, si les politiques refusent de se remettre (vraiment) en question, à un avenir sombre. Ainsi, le néolibéralisme impacte nos démocraties. Des chercheurs comme Joseph Stiglitz ou Alain Supiot évoquent même un séparatisme néolibéral. Sans démocratie économique, la démocratie politique « ne pourra que continuer à dépérir ». Comment ne pas voir le lien entre le néolibéralisme et la montée des extrêmes chez nous et ailleurs, l'émergence de dirigeants illibéraux, partout sur la planète ? Comment ne pas voir le lien entre la liberté utopique de circulation de l'information créée par Internet et les *fake news*, le complotisme et l'abstention sans cesse croissante aux élections ? Le néolibéralisme économique conduit aux restrictions politiques, en somme, trop de libertés tue la liberté.

C'est pour préserver les libertés et même le capitalisme qu'il faut davantage l'encadrer. Pourquoi faudrait-il sauvegarder le capitalisme ? Sûrement parce qu'aucun autre système n'a prouvé qu'il était plus respectueux de l'environnement à date. Également car de nombreux pays émergents aspirent à un développement capitaliste et qu'il ne nous est ni possible, ni souhaitable de leur dicter une bonne conduite. Les écolos anticapitalistes nient, à mon sens, une grande part de l'équation. Est-ce pragmatique de vouloir changer de système économique au vu du temps qu'il nous reste pour limiter nos émissions ? La question est alors de savoir quel capitalisme nous voulons. Car, depuis les années 1970 et l'émergence de la société de consommation, nous avons basculé dans un système qui a changé d'essence. Le néocapitalisme n'a plus pour moteur le besoin, mais le désir car le désir, contrairement au besoin, est illimité. Notre système économique a émergé, lui aussi, d'un changement culturel, celui en France de Mai 68 et globalement en Occident de l'émancipation de certaines traditions et valeurs conservatrices, notamment catholiques. On est passé d'une société qui produit pour satisfaire les besoins à une société qui produit pour satisfaire les désirs et c'est cela qui accroît les émissions de dioxyde de carbone de manière déraisonnable. Le tour de force des défenseurs de l'idéologie du désir est d'avoir assimilé celle-ci à la liberté, alors qu'elle lui est plutôt antinomique, se rapprochant davantage de l'addiction. Ces courants idéologiques ont réussi un tour de force qui est que toute critique de l'idéologie capitaliste passe pour une critique de la liberté. La publicité vend de l'imaginaire, du symbole, de l'illusion de liberté grâce à la consommation, elle cultive le vide, devenu un marché. Substituer le désir au besoin a permis de donner au marché une étendue infinie, alors que le monde a des ressources finies.

Ce modèle ne nous rend pas heureux. Nous possédons beaucoup, mais nous nous sentons vides. Ce modèle valorise l'esprit de compétition, tout en réduisant la sensation d'être connecté aux autres. Ce sentiment de solitude conduit au mal-être et impacte la santé. Dans l'idéologie néolibérale, le succès relève de l'unicité et de fait, la responsabilité du succès repose sur les seules épaules de l'individu isolé. Cela rompt les chaînes de solidarité, réduit le bien-être, accroît les sentiments d'insécurité, d'anxiété, de stress et de dépression. Le néolibéralisme limite les effets curatifs de la communauté, vectrice de ressources sociales et psychologiques. Déjà en 1830, Tocqueville alertait sur les risques du libéralisme lorsqu'il provoque un individualisme trop poussé qui conduit les individus à abandonner les problématiques sociétales. Le libéralisme, selon ses fondateurs, ne donne la primeur à l'individu qu'à condition d'attribuer le cadre au citoyen. Une étude menée par Harvard sur une durée de 75 ans sur le développement adulte a prouvé que le bonheur et la santé viennent de la richesse... des relations humaines. Le psychiatre Robert Waldinger a comparé ces données à des études menées auprès d'Américains contemporains à qui on demandait ce qui les rendrait heureux et en bonne santé et bien sûr : c'est l'argent qui arrivait en tête. L'étude prouve que la solitude tue, tandis que la communauté est vectrice de santé. Il ne s'agit pas simplement de la quantité de relations, mais de leur qualité. Aujourd'hui en France, 60 % des jeunes affirment avoir déjà eu des pensées suicidaires, un indicateur de l'urgence à changer.

Par ailleurs, la gestion économique de notre modèle politique a progressivement évincé la place de la culture dans nos sociétés : en 1981, elle était une des priorités politiques qui ont fait l'élection, elle a dégringolé depuis jusqu'à être considérée comme « non essentielle » pendant la pandémie et être la grande absente de la présidentielle de 2022. La culture est dans l'ADN de notre pays, nous sommes leaders dans le domaine de la création et pourtant, nous nous en sommes détournés car elle n'est pas toujours compatible avec le système marchand de notre économie. Résultat, on rémunère peu la création, sauf quand elle a un fort potentiel de rentabilité économique. La crise sanitaire a marqué durablement le secteur qui est toujours convalescent. À la sortie de la Seconde Guerre mondiale, nous constitutionnalisions la culture en en garantissant l'égal accès à l'enfant et à l'adulte ; cette crise aurait pu être une opportunité de revoir nos priorités, mais on l'a vu, le monde d'après n'est malheureusement pas pour demain.

Pourtant, l'effet multiplicateur de l'investissement culturel a des effets bénéfiques sur notre économie car les biens culturels font exception à la règle de l'utilité marginale décroissante, qui veut que moins un bien fournit d'utilité supplémentaire plus il est consommé. Au contraire, la culture se consomme à l'infini puisqu'elle dépend de la création humaine, une ressource naturelle infinie.

L'histoire de la culture en France est exceptionnelle, la France a toujours eu pour position de retirer le secteur de la culture des négociations internationales car nous refusions la politique libérale et d'agir et soutenir ce secteur-là. Heureusement, l'exception culturelle existe toujours, le CNC a imposé à Netflix d'investir 20 % de son chiffre d'affaires en France dans des œuvres indépendantes françaises - une taxe a été mise en place pour contraindre YouTube et toutes les plateformes à investir dans la création.

Une économie basée sur l'interdépendance répondrait à ces trois enjeux prioritaires : inégalités, crises écologiques, perte de sens. Notre système politique doit être revu car il détruit la planète, et nous avec. Qui en a le pouvoir ? Je n'ai pas la réponse, mais s'interroger est créateur. Se confronter à la réalité de notre système est déjà admettre que notre modèle politique est devenu un modèle économique. Pour comprendre, il faut accepter qu'en réalité, ce ne sont pas les énergies fossiles qui font la guerre au vivant, elles sont une des conséquences de notre modèle parmi d'autres, comme les inégalités et la perte de sens qui conduit à une apathie dangereuse pour nos démocraties. C'est notre système économique qui est en guerre contre la planète et qui se retourne contre nous. Le serpent se mord la queue. Les philosophes des Lumières ont mis un siècle à transcrire leur idéologie en système politique. Nous avons beaucoup moins de temps pour sortir de ce modèle climaticide. Le point de départ réside dans la prise de conscience individuelle. Le néocapitalisme néolibéral mondialisé, c'est comme le communisme, c'est surtout bien sur le papier. Dans les faits, ils ont été tous deux destructeurs. Arrêtons d'étudier la question selon une vision binaire.

Le fantasme de la croissance

Il y a des mots qui nous classent, nous enferment, nous décrédibilisent. Critiquer la croissance rend difficile notre capacité à convaincre, j'en fais régulièrement l'expérience. Bien loin de la pensée complexe d'Edgar Morin, la majorité est organisée autour d'une pensée économique obsolète et mortifère. J'ai longtemps appartenu à cette majorité. J'ai grandi dans une famille d'immigrés à qui la croissance avait donné, en plus du capital culturel et social acquis grâce à l'éducation française, une chance dans la société. J'ai grandi au cœur de Paris dans une famille qui voyait en la ville et la mondialisation sa principale chance d'épanouissement. Je suis un produit capitaliste. La première fois qu'une amie m'a dit qu'il fallait sortir du capitalisme, j'ai pensé à Olivier Besancenot en croyant qu'elle avait perdu la raison. J'ai passé un bac éco où on apprenait les économistes libéraux les uns après les autres avec Friedman en cerise sur le gâteau. Je ne m'étais pas dit à l'époque qu'une bande d'environ huit économistes avaient façonné l'économie mondiale depuis deux siècles et que ce n'était pas normal d'avoir accordé autant de pouvoir à si peu de personnes. En 2008, j'avais 14 ans, je n'ai pas compris grand-chose à la crise économique sauf que des familles s'étaient endettées aux États-Unis et que ça risquait de se répercuter sur le pouvoir d'achat de ma propre famille. Cela me semblait incompréhensible, mais c'était ainsi. Pourtant, en 2008, une vague d'étudiants s'est levée, car eux avaient déjà compris que le système financier avait pris le pouvoir. La théorie économique dominante était dépassée par les faits et les étudiants en économie l'avaient bien compris. À cette époque, ce qu'ils contestaient était l'apprentissage paradoxal d'un système financier peu influent sur l'économie tandis que les marchés créaient la panique générale.

On ne peut s'intéresser aux problèmes écologiques sans prendre en compte les impacts de la croissance. La croissance n'est rien d'autre qu'un outil de mesure de la réussite de nos États-nations, un outil pratique basé sur les richesses produites, qui favorise également le développement car plus un pays croît, plus il attire les investissements. Si vous travaillez en entreprise, comprenez la croissance comme un « KPI[9] » un macro-KPI qui permet d'analyser la situation d'un pays. La croissance a permis du progrès, c'est indéniable. En créant de la richesse, les États, *via* l'impôt, ont pu investir dans les services publics et l'organisation des conditions d'émancipation de leurs populations. L'émergence du travail depuis la révolution industrielle a également permis de créer une grande classe moyenne qui a pu s'établir et s'épanouir. Mais le progrès possible grâce à la croissance est limité par les ressources de la planète qui ne sont pas infinies. La croissance étant une courbe infinie, il y a un bug. L'outil de mesure est également limité car il prend en compte uniquement les flux marchands, et ne s'interroge pas sur la répartition des richesses que nous avons vue de plus en plus inégalitaire. La croissance ne prend pas en compte la dimension sociale, la quantité de ressources utilisées, les tonnes d'émissions de dioxyde de carbone, l'impact sur la biodiversité, etc.

Si étymologiquement, l'économie signifie la maison et l'organisation de celle-ci, l'économie est devenue l'état d'esprit qui modèle la société, la « langue maternelle de la politique[10] ». Nous sommes dans une ère où les économistes ont le pouvoir. Que ce soit au sein d'organisations internationales comme la BCE, le FMI ou l'OMC, au sein des gouvernements et même dans les universités, ils sont le lieu et l'outil de la politique par excellence. Aujourd'hui encore, si vous étudiez l'économie au lycée ou à l'université, vous apprendrez une économie qui ne prend pas en compte les limites planétaires. Toute personne formée à l'économie apprend que les ressources sont illimitées, ce que croyaient les théoriciens du XIXe siècle. Nous apprenons donc des théories fausses : « Les étudiants d'aujourd'hui seront les citoyens de 2050 et même eux se voient inculquer une vision économique fondée sur les manuels de 1950, qui s'appuient eux-mêmes sur les théories de 1850. » C'est ce que résume Kate Raworth, une économiste d'Oxford qui a pensé un nouveau paradigme économique dans son livre *La Théorie du donut*. Elle ne propose pas forcément de sortir du modèle de la croissance, mais elle interroge son but et celui de nos modèles économiques. Elle propose de l'ouvrir à des enjeux bien plus vastes, comme créer des économies qui contribuent à introduire l'ensemble de l'humanité dans un espace qui respecte les droits humains et ne dépasse pas les limites planétaires. Ainsi, elle cherche l'équilibre entre les besoins planétaires, humains et la prospérité.

Notre économie est aujourd'hui au service d'une idéologie, tout aussi puissante que ses idéologies rivales, sauf que celle-ci ne dit pas son nom. Cette idéologie diffuse du Friedman (ou du Thatcher, comme vous préférez) à grande vitesse en pointant du doigt l'incompétence de l'État, et la primeur des individus sur les communs. Alors c'est vrai, il y a l'exception française, nous sommes moins néolibéraux que nos voisins allemands et anglo-saxons. Notre État est interventionniste et nous avons des services publics, malgré tout, uniques au monde. Ce que je veux pointer ici, c'est l'idéologie, le but de société que nous poursuivons qui nous menace à différents égards. Cette idéologie, c'est le règne du tableau Excel, elle conçoit l'individu comme un être rationnel, égoïste, isolé, qui domine la nature. Elle oublie de prendre en compte l'aspect social, familial, communautaire, interdépendant avec le vivant, la nature et le beau. Elle donne aux économistes une réalité biaisée. L'idée même de croissance infinie est fausse. Rien dans la nature ne croît à l'infini, tout est cyclique. La seule chose qui croît à l'infini dans le corps humain, c'est le cancer. Nous avons cédé à la démesure de notre modèle, la croissance bénéficie d'une présomption de toute-puissance et d'éternité. Je ne suis pas antilibérale, j'adhère au concept philosophique, mais ne sommes-nous pas tombés dans la démesure ? Sans développement de ma conscience écologique, je ne me serais jamais posé toutes ces questions, mais tout étant lié, je ne sais plus envisager une sortie de crise écologique sans un changement de paradigme politique. L'impérialisme néolibéral nous menace à plusieurs égards. L'enjeu du siècle est de créer des économies qui favorisent l'épanouissement humain dans un réseau florissant de vie, afin que nous prospérions dans l'équilibre.

Quelques préjugés à déconstruire

Nous avons avancé sur le chemin long et périlleux de la transition écologique – il m'arrive de penser aux militants des années Meadows[11] en imaginant leur solitude d'alors. La prise de conscience individuelle nourrit la réflexion collective et produit des changements, mais la route est longue et il existe toujours des freins majeurs qui empêchent d'accéder au monde d'après.

Parmi eux, les préjugés sur l'écologie dont la responsabilité se partage entre les mauvais choix politiques des précédents gouvernements et la puissance de la publicité et des lobbys.

Les clichés sont nombreux :

– « Les pauvres sont insensibles aux questions écologiques »

Le rapport mondial sur les inégalités démontre que les 1 % des plus riches émettent autant de gaz à effet de serre que les 50 % des plus pauvres. La question des inégalités est inhérente à la question du réchauffement climatique. Nous avons tendance à penser l'empreinte carbone en moyenne et non en prenant en compte la diversité de modes de vie qui composent notre société. Quand on entre dans le détail, on découvre qu'en France, les 50 % les plus pauvres doivent baisser de 4 % leurs émissions de gaz à effet de serre tandis que les 10 % les plus riches doivent la baisser de 81 %. Le chemin à emprunter pour arriver à la neutralité carbone doit donc impérativement prendre ces données en compte pour éviter de creuser le fossé des inégalités. Ces émissions ne concernent pas que l'essence de sa voiture, mais aussi le pétrole utilisé pour la consommation. La moyenne nationale est de 9 tonnes, mais la moitié la plus pauvre des Français émet en moyenne par habitant 5 tonnes, soit deux fois moins que la moyenne du pays. Les 10 % les plus aisés émettent quant à eux 25 tonnes en moyenne. Les plus aisés consomment davantage, ce qui enclenche la machine productive plus régulièrement et plus intensivement.

Pendant la crise des Gilets jaunes, les classes populaires ont été présentées comme refusant l'écologie, insensibles à ces enjeux. Mais les enquêtes de terrain prouvent que ce cliché est le fruit d'une grande désinformation et a des conséquences politiques lourdes : pour ne pas peser sur les classes populaires, on ne peut plus mettre de pression sur la réduction des émissions. En réalité, et c'est logique, les classes populaires sont plus écologiques que les classes moyennes et aisées.

La France s'est engagée à atteindre la neutralité carbone en 2050. La trajectoire pour y parvenir contient des points d'étapes : en 2030, nous devrons émettre 5 tonnes par personne. Une partie de la population est déjà à 5 tonnes, tandis que les plus riches sont parfois à 25 tonnes. Les politiques ont mis l'accent au mauvais endroit et fait le mauvais choix, réduire les inégalités est la meilleure voie pour réduire les émissions de gaz à effet de serre.

– « Avoir un comportement écologique signifierait revenir à la bougie »

Autrement dit, si on baisse drastiquement notre empreinte carbone alors on ne peut que régresser, voilà un autre cliché largement répandu. Ce cliché de la « lampe à huile[12] » questionne notre définition de la modernité, assimilée à la « société du pétrole[13] » dans laquelle nous vivons depuis la fin de la Seconde Guerre mondiale. L'énergie pétrolière est la base du lien entre les hommes, elle est synonyme de développement. Dans une vision mécanique et verticale du monde, le pétrole était, en effet, le meilleur outil du développement. La révolution numérique a battu en brèche cette vision et une pandémie a bousculé notre définition de la modernité pour nous mener à une nouvelle approche plus individuelle, tournée autour du bien-être. Chez les plus conscients, la modernité est devenue la compréhension de faire partie de la nature, la volonté de vivre en interdépendance avec les écosystèmes du vivant.

Les politiques publiques, notamment grâce à l'élection de nombreux maires écologistes en 2020, commencent à redéfinir la modernité dans leurs actions. Des pistes de transformation passionnantes basées sur cette définition de la modernité écologique sont esquissées. La modernité est l'idée d'agir en conformité avec son temps et non plus en fonction de valeurs qui sont alors considérées *de facto* comme « dépassées ». L'écologie crée un commun politique nouveau, le moderne devient alors le retour à la terre. La modernité réside dans ce qui a toujours été. Cela devrait nous conduire vers la prochaine étape clé de notre changement de civilisation : l'écologie universelle.

– « L'écologie est un sujet de gauche »

Dans notre histoire politique récente, seule la gauche s'empare du sujet écologique qui est absent ou quasi absent des programmes électoraux de droite. Or, théoriquement, l'écologie est un sujet éminemment conservateur puisque son enjeu est de conserver la nature. Qu'attendent les partis pour dévoiler une écologie de droite, une écologie de gauche, et même une écologie du centre qui pourraient s'affronter dans l'arène politique sur les moyens d'arriver à cette fin commune : la survie de la planète dans des conditions supportables pour les êtres humains et vivants ? La gauche protégerait l'écologie pour tous, tandis que la droite défendrait la conservation de la nature et la liberté de chacun d'en disposer. Nous en sommes loin. Pourtant, les premiers responsables politiques à s'être souciés de l'écologie en France étaient de droite. C'est même leur volonté de protéger les paysages et la nature qui a donné la création du ministère de l'Environnement en 1971. Valéry Giscard d'Estaing avait déjà compris qu'il y avait un conflit profond entre la modernisation du pays et la protection de l'environnement quand il arrêta les autoroutes urbaines à Paris par exemple. Georges Pompidou aussi avait tenu des propos visionnaires : « Je suis de ceux qui pensent que dans cinquante ans la fortune consistera à pouvoir s'offrir la vie du paysan aisé du début du XXIe siècle, à bien des égards, c'est-à-dire de l'espace autour de soi, de l'air pur, des œufs frais, des poules élevées avec du grain… »

Pourtant, quand les femmes et les hommes politiques de droite sont reçus dans les médias, ils ne sont quasiment jamais interrogés sur ce sujet. Comme si l'écologie était réservée à ceux qui souhaitent en parler. Les vrais conservateurs l'ont bien compris, en témoigne le roi Charles III qui est allé jusqu'à soutenir des mouvements de désobéissance civile comme Extinction Rebellion au motif que la planète ne peut plus attendre, en voilà un esprit libre. L'écologie n'est pas « un problème de bobos », c'est une question universelle.

– « Que représente la France face à la Chine ou aux États-Unis ? »

Si l'on regarde les émissions de CO_2 depuis 1850, l'Amérique du Nord et l'Europe représentent près de 40 % des émissions. Aujourd'hui, l'Asie de l'Est est devenue le premier pollueur, la Chine en tête, mais cette donnée est trompeuse pour deux raisons : premièrement, elle ne prend pas en compte les répartitions de population. Si on divise les émissions par le nombre d'habitants, un habitant d'Asie du Sud émet en moyenne peu de gaz à effet de serre à l'échelle individuelle par rapport à un citoyen français ou américain. Deuxièmement, car ce qui est produit en Chine est consommé dans le monde entier. Vos vêtements *made in China* doivent-ils entrer dans les émissions de la Chine ou de la France ? Votre smartphone est-il comptabilisé dans votre bilan carbone ou celui de la Chine ? Faire baisser notre consommation carbone en France a un lien direct sur les autres pays, la Chine en particulier.

De manière plus abstraite, cet argument contribue grandement à enfermer la fourmi dans son cercle. Considérer que ça ne sert à rien d'agir tant que les autres n'agissent pas revient à niveler le système par le bas et bloquer la mise en mouvement.

Même l'argument voulant que la France ne représente que 1 % des émissions mondiales est fallacieux car le territoire français émet 1 % des émissions, mais notre empreinte carbone est 70 fois plus élevée. Cela ne prend pas en compte les émissions que nous importons, et au vu de tout ce que nous importons…

– « L'écologie à l'échelle individuelle ne sert à rien »

On se sent trop petit pour agir et avoir de l'impact. Je suis assez d'accord, je n'ai jamais vraiment réussi à adhérer à la théorie du colibri de Pierre Rabhi. Pour rappel, la légende amérindienne du colibri raconte une forêt en feu où les animaux s'affairent pour éteindre l'incendie. Même le petit colibri va au fleuve, met de l'eau dans son bec et vient jeter quelques gouttelettes sur l'incendie. Alors que les animaux se moquent de lui, il répond : « Je fais ma part. » Le défaut, à mon sens, de cette théorie est que, si les gouttes ne permettent pas d'éteindre le feu, alors cette action est inutile. Par ailleurs, précisons que Pierre Rabhi était sexiste et homophobe et sa position de guru des écolos m'a toujours dérangée. Bref, faire quelque chose pour se dire qu'on fait quelque chose me paraît peu pertinent. Cela dit, la bonne question à se poser me semble être : que puis-je faire, compte tenu de qui je suis, de ce que je connais et de qui je connais ? Nous ne sommes pas tous des Greta Thunberg, mais nous avons tous un rôle dans la société lié à nos compétences et nos forces. De nombreuses initiatives sont nées ainsi, vues d'en bas, et ont petit à petit révolutionné un secteur entier d'activité. Les applications anti-gaspillage par exemple, comme Phénix et Too Good Too Go apportent des solutions au fléau du gaspillage alimentaire, un sujet précis au sein de la transition qu'il est urgent de solutionner. Sans prétendre résoudre intégralement le problème, ces entreprises ont un modèle d'impact formidable qui fait qu'un euro de chiffre d'affaires correspond à un repas non gaspillé. On pourrait prendre également l'exemple de Muhammad Yunus lorsqu'il décide d'aider de petits paysans à emprunter de petites sommes d'argent, il lance le microcrédit à l'échelle locale sans savoir que cela deviendrait une véritable révolution de la finance au niveau global. Alors effectivement, trier ses déchets tout en travaillant chez Total ne sert pas à grand-chose, mais l'action individuelle est clé car elle invite chacun à se positionner, à entrer de plain-pied dans la civilisation écologique. Le militantisme n'est pas fait pour tout le monde bien sûr, mais la tendance dépasse largement les âmes militantes. Combien de Français désertent leur job par manque de sens, privilégiant des métiers ancrés dans le réel ? Combien d'entreprises de transition se lancent chaque jour, apportant de nouvelles solutions ? En bas, la transition rassemble, mobilise des millions de Français déjà à l'œuvre.

– « La seule solution que nous ayons est technologique »

Le pari technologique est risqué car pour le moment, nous n'avons trouvé aucune énergie propre capable de remplacer toutes les énergies existantes. De plus, il faut compter dix ans en moyenne entre une publication scientifique et le dépôt d'un brevet, avant de penser conception, marché, etc. La technologie parviendra certainement à nous aider à traverser les crises à venir, mais de là à miser notre avenir sur des suppositions n'est pas réaliste.

Il y a un effet pervers avec la technologie qui est de créer de nouveaux problèmes en voulant en résoudre un. Par exemple, développer le covoiturage peut inciter les voyageurs a ne pas prendre le train ou à se déplacer davantage ; il y a aussi l'effet rebond avec l'efficience, apporter une offre plus efficace et moins chère va créer un bond de la demande et donc encourager des comportements. Bref, la technologie n'est pas un sujet sobre et le développement d'Internet de ces vingt dernières années en est la meilleure illustration.

Enfin, les technosolutionnistes ont tendance à défendre les innovations sans y mettre les moyens. Pour qu'une innovation voie le jour, il faut des investissements dans la recherche et le développement, mais pour le moment les fonds verts sont encore une infime partie de la finance mondiale, estimés à 1,3 % des 619 milliards d'euros des fonds commercialisés en Europe[14].

– « La croissance est notre seul levier de développement humain »

La croissance nous a bien permis de nous développer en apportant de la richesse et donc une meilleure qualité de vie, ainsi que de la redistribution permettant d'accéder aux soins et à l'éducation. Mais voilà le sujet, à partir d'un certain stade, cela ne fonctionne plus. Plus le niveau de vie augmente, plus le lien entre revenu et espérance de vie s'atténue. Puis, à partir de 20 000 dollars par habitant, le lien ne fonctionne plus du tout. Notre capacité à produire plus de richesse pour améliorer notre condition ne fonctionne plus à partir d'un seuil. Ainsi que le résume François Ruffin, « si notre estomac crie famine, manger du pain est le soulagement ultime. Mais une fois notre estomac rassasié, disposer de nombreux autres pains ne nous aide pas particulièrement ». Il a raison sur ce point, et cette donnée est connue depuis longtemps car déjà présente dans les écrits de John Stuart Mill en 1848 : « c'est seulement dans les pays retardés du monde que l'accroissement de la production est un objectif important : dans les plus avancés, ce dont on a besoin sur le plan économique est une meilleure répartition ». Les inégalités et le réchauffement climatique sont intimement corrélés, mais contrairement aux idées reçues, ces deux enjeux ne s'opposent pas, au contraire. Rappelons que 100 entreprises sont responsables de plus de 70 % des émissions de gaz à effet de serre[15].

Chapitre 3

Gouverner les transitions : qui a le pouvoir ?

Deux exemples montrent que nous savons ce qu'il faut faire :

– Aux dernières élections présidentielles, The Shift Project, le think tank fondé par Jean-Marc Jancovici pour alerter sur l'urgence de la décarbonation, s'est essayé à un exercice inédit : un plan de transformation de l'économie française qui, en moins de 300 pages, indique comment réduire significativement les émissions de carbone. À ceux qui pensent que les solutions n'existent pas, les voici, accessibles à tous, pour 14 euros. Ce plan est décrit comme un programme politique en marque blanche à destination de tous. Il dresse les objectifs à 2050 : réduire au maximum l'utilisation du fossile, limiter notre consommation de matériaux, de biomasse, et indique les moyens d'y parvenir. Sur la question des matériaux, limiter leur consommation signifie que l'industrie doit limiter sa production car produire, c'est détruire. Mais qui aurait le pouvoir d'imposer aux industriels une limite dans notre modèle économique ? Ajouter des taxes fait descendre la France dans la rue et quand le gouvernement a tenté d'interdire le glyphosate, les lobbys sont parvenus à faire annuler l'interdiction directement à Bruxelles. Comment faire fonctionner les ambitions politiques face à la violence de la rue dans une démocratie de l'opinion ou face à la puissance des industries dans une démocratie néolibérale ? « Sommes-nous condamnés à ne devoir nous modérer que dans la pénurie et la souffrance[1] ? » Sur cette question s'achève le *Plan de transformation de l'économie française.*

- Le troisième volet du sixième rapport du GIEC est également orienté vers les solutions. Il montre à quel point les solutions sont politiques et pourtant, il ne fait pas réagir les politiques. Il précise également que s'adapter aux crises à venir coûtera plus cher que conduire des politiques ambitieuses dès maintenant. Entre 3,3 et 3,6 milliards de personnes vivent dans des conditions « très vulnérables au réchauffement climatique[2] ». Nous devons nous adapter pour survivre et augmenter notre capacité à accepter les chocs à venir. Le GIEC identifie 23 grands axes d'adaptation – comme améliorer l'efficacité de l'usage de l'eau ou renforcer les protections côtières – parmi lesquels 12 sont considérés comme « moyennement faciles » ou « faciles » à mettre en place. Les plus complexes sont minoritaires. Le GIEC souligne notre retard dans l'adaptation et identifie des raisons politiques et institutionnelles. Il y a par exemple un problème de financement public et privé, en particulier dans les pays en développement et les plans de relance à l'issue de la pandémie ont été des occasions manquées. Le GIEC propose aux politiques de se doter d'instruments avec des objectifs et des priorités claires, une meilleure connaissance sur les impacts et les solutions, des financements et des processus de financement inclusifs. Le secrétaire général de l'ONU Antonio Guterres a réagi suite à la publication : « Le rapport du GIEC est un atlas de la souffrance humaine et une accusation accablante de l'échec du leadership. » Ni les think tanks, ni les scientifiques, ni les citoyens isolés n'ont le pouvoir de conduire ces transitions à grande échelle. Ils sont les lanceurs d'alerte dont la politique devrait être le réceptacle. Et l'État a du mal à suivre...

Nous savons donc ce qu'il faut faire et comment le faire, pourtant les parties prenantes principales des transitions ont du mal à faire évoluer leur système : législateurs, dirigeants économiques, financiers, médias, pourquoi a-t-on tant de mal avec le changement ?

La politique de l'impossible

Certaines lois sont très ambitieuses et vont créer des changements systémiques. C'est le cas de l'interdiction des voitures thermiques en 2035 qui met en mouvement tout un secteur d'activité. Mais elles sont encore très rares car il y a de nombreux blocages étatiques qui expliquent que de nombreuses politiques publiques soient mal ou pas du tout appliquées, il faut lire le livre de Léo Cohen, ancien conseiller au ministère de la Transition écologique, pour comprendre l'ampleur des blocages. Dans *800 jours au ministère de l'impossible*[3], il raconte les obstacles qui nuisent à la conduite de politiques publiques ambitieuses et font que la transition réelle relève du « miracle ». Il conclut que « notre manière même de gouverner est antinomique de l'action environnementale ».

Comment expliquer qu'un livre avec un constat si dramatique n'ait pas eu plus d'écho ? Pourtant, ce dont il est question dans ce livre est bien un sujet de culture et d'organisation, de mode de gouvernance.

Au Parlement, plusieurs sujets nuisent aux transitions : il y a d'abord l'absence de connaissance et de conscience des élus. Je suis souvent, encore aujourd'hui, atterrée par l'inculture écologique de nos élus. Certains ne connaissent que la question énergétique – c'est déjà ça ! –, d'autres sont plus caricaturaux que la plupart des personnes avec qui j'ai pu échanger sur le sujet. Un député de la commission économique à l'Assemblée nationale que j'interrogeais récemment sur leurs éventuels travaux écologiques me répondait : « Ah non, c'est pas notre sujet puisque nous, c'est l'économie ! » Comme si on pouvait dissocier ces deux thèmes... Les politiques ne sont pas à la hauteur en matière de connaissances, mais ils manquent également de vision.

Au-delà des crises à répétition qui empêchent nos gouvernants de prendre du recul, il y a le sujet de l'inflation législative qui n'est pas nouveau, cela fait bien deux décennies qu'il mobilise juristes et politiques.

En 2013 déjà, un rapport d'élus dénonçait « le passage progressif d'un État de droit à un état de paralysie par le droit[4] ». Au lieu de nous proposer des directions, le législateur nous propose des ajustements techniques complexifiant davantage le propos. Un ministère, le ministère de la Transformation et de la Fonction publique, a justement cette mission de simplifier le fonctionnement administratif de l'État. L'inflation normative et la complexité administrative ne sont pas des problèmes à la marge, mais bien des enjeux au cœur du système qui empêchent les Français d'accéder à leurs droits. Ce problème est connu, mais peine à être réglé et a pour conséquence de faire de l'enjeu écologique des lois techniques, administratives, complexes qui sont éloignées de la vie politique. Notre passion normative complexifie la transition écologique. Pour exemple, nous n'avons rien, ou presque, retenu de la loi Climat et Résilience adoptée sous le premier quinquennat Macron, car elle est trop technique. Il n'est pas question d'un plaidoyer pour la non-technicité du droit, il y a des enjeux complexes qui nécessitent des réponses structurées. Mais n'est-il pas nécessaire de politiser davantage les enjeux ? Ne devrions-nous pas « dé-technocratiser » les politiques écologiques ?

Pourtant, la crise du Covid a été une démonstration de la souplesse de notre système, car les ordres venaient directement du président de la République. L'appareil étatique a pu imaginer des voies simplifiées et le gouvernement a réussi à verser des aides rapidement, à prolonger certains droits, à simplifier des procédures. Ce bond en avant est inédit et montre que les institutions fonctionnent. C'est pour cette raison précise qu'il faut déclencher l'état d'urgence écologique. Lors d'un attentat, l'état d'urgence permet immédiatement de déclencher des plans Vigipirate, renforcer les contrôles, sécuriser les lieux publics. C'est le 11 septembre 2001 qui a permis d'équiper les infrastructures en matière de sécurité. En 2019, une loi du Code de l'énergie a précisé que la politique énergétique répondait « à l'urgence écologique et climatique[5] ». L'urgence est déjà présente dans nos textes, mais ne crée pourtant pas d'état d'urgence. Le problème de notre système présidentialiste est que sans volonté du président de la République, le système ne change pas. Notre culture politique est d'ailleurs différente de la totalité de nos voisins européens, qui sont à l'unanimité dans des systèmes parlementaires. En Allemagne par exemple, le parti écologiste siège avec la droite et trouve des points d'accord. Chez nous, la culture de la contestation et de la confrontation est sûrement l'une des raisons de l'absence totale d'écologie dans tous les programmes de droite. Le système gaulliste nous fait manquer l'enjeu du siècle. En Allemagne, la recherche d'accords l'emporte sur les différences. Le métier d'élu est de créer des points d'entente, des communs. La culture politique de la conciliation est la garantie d'un « en même temps » qui réussit. Ce programme politique simple, accessible, qui a conduit Emmanuel Macron vers la victoire en 2017, s'est révélé non réalisable sous la Ve République. Car, même s'il a pu porter des réformes de droite comme de gauche (au sens traditionnel du terme), c'est lui seul, plus que jamais, qui décide. Les Allemands négocient, structurent des projets communs pendant des mois. Leur éthique du compromis est l'inverse de notre monarchie présidentielle. Le résultat démocratique est positif car ils ont plus de participation aux élections et ne souffrent pas de dégagisme. Notons cependant que nos voisins européens ne sont pas beaucoup plus efficaces que nous dans leurs choix du point de vue de la transition écologique. Le système politique est un ingrédient majeur de la recette, mais il n'est sûrement pas, à lui seul, suffisant.

Jusqu'aux résultats inédits des élections de 2022, nous faisant entrer en majorité relative, le travail de député était devenu un « bullshit job[6] », terme popularisé par David Graeber désignant des emplois vides de sens et d'impact. Cette nouveauté institutionnelle est une opportunité de taille pour les transitions, elle impose au Parlement de fonctionner autrement et baisse considérablement le pouvoir de l'exécutif. Selon Pierre Jacquemin, ces *bullshit jobs* ont colonisé l'administration au point de la vider de sa substance[7]. L'inopérance relative du système législatif remet en doute que l'édiction de normes soit le meilleur outil dont nous disposions. La loi est en retard sur la société - on dit parfois que l'administration a quarante ans de retard sur l'histoire -, mais dans le cas de l'urgence écologique, les quarante ans nous manquent pour agir.

Globalement, la Vᵉ République pose question, non seulement parce qu'elle a fêté ses soixante-cinq ans, ce qui en fait la plus longue république que nous ayons eue, mais surtout car elle a été conçue pour faire barrage aux extrêmes et que la dernière élection a fait entrer 89 députés d'extrême droite dans l'hémicycle... N'est-elle pas en faillite ? Ce système a été conçu après le chaos de la guerre, sur mesure, pour reconstruire le pays. Enfin, elle n'a été construite que par des hommes, sans les femmes, ce qui induit un rapport au pouvoir particulier. Si on créait une assemblée constituante paritaire, obtiendrions-nous un système plus équilibré ? Certainement. Sommes-nous condamnés à attendre le chaos pour pouvoir bâtir une civilisation écologique ?

Malgré une révolution démocratique plus radicale et violente qu'ailleurs, la France garde des réflexes de l'Ancien Régime. D'ailleurs, une partie de notre droit en est toujours issue. Nos entreprises sont calquées sur le même modèle et suivent la même logique : une hiérarchie verticale, pyramidale, où le pouvoir se dissout un peu plus à chaque étage. Le pouvoir est peu palpable ailleurs que chez les boss. Cela renforce notre système élitiste et nuit au bon fonctionnement de nos organisations. La France est un schéma tayloro-fordiste à grande échelle. Cela est plutôt logique puisque ces organisations sont issues de la révolution industrielle et que celle-ci a façonné nos sociétés. C'est ce système qui explique ce que disent souvent les salariés de grandes entreprises : « On passe 90 % de son temps à faire de la politique et 10 % à travailler. » Le pouvoir est entre les mains de trop peu de personnes pour que les initiatives soient prises en compte. C'est ce qui empêche les entreprises d'une certaine taille de faire un pas de côté, de se doter d'un nouveau regard sur le travail.

Les partis politiques traditionnels sont devenus des coquilles vides pour les mêmes raisons : une génération n'a pas su passer la main à temps et, surtout, n'a pas voulu détecter les talents. Il y a un énorme paradoxe entre le besoin de la société de voir un renouvellement des visages politiques et la quasi-impossibilité de se faire une place pour les plus jeunes. Combien de trentenaires de ma génération ont définitivement quitté la politique, alors qu'ils auraient été de formidables élus et représentants politiques ? Changer la Constitution permettrait de sortir de l'État dirigé par un seul homme, et de créer des organisations plus horizontales. Pour le moment, la gouvernance horizontale reste un concept flou, que la génération au pouvoir assimile à des stratégies marketing. Espérons que la start-up nation sera l'ultime caricature du néolibéralisme, avant le retour à la raison. Des start-up qui spéculent sur des levées de fonds tandis que la planète se réchauffe, c'est insensé.

Ce système de baronnie est obsolète, il enferme le pouvoir dans une vision unique. C'est ce que Foucault appelait la gouvernementalité, une forme de pouvoir qu'on ne peut plus dénoncer parce qu'elle définit la raison, la norme, le savoir. Aujourd'hui, on s'impose naturellement un modèle économique qui détruit la planète en fermant les possibles remises en question. Nous sommes gouvernés par une idéologie que nous nous imposons et dont nous sommes à peine conscients. Cette gouvernementalité crée un cadre de pensée, un cercle de fourmi qui permet de considérer des points de vue comme plus ou moins acceptables dans l'opinion publique. Ce cercle idéologique est notamment celui qui a permis à Emmanuel Macron d'être élu deux fois président de la République, il est le cercle de ce que l'on a parfois appelé la « France qui gagne », et concentre principalement des principes néolibéraux. Ce grand centre canalise environ un tiers des votants derrière une idéologie molle, qui ne semble pas radicale et plutôt raisonnable. C'est la raison pour laquelle la jeunesse s'est majoritairement opposée à cette majorité en votant pour Jean-Luc Mélenchon en premier, et pour Marine Le Pen, en second. Ce cercle de fourmi au milieu duquel est positionné Emmanuel Macron a créé en réalité une bulle d'acier qui exclut par principe tout ce qui gravite autour. Le tiers de votants présent dans ce cercle ne semble pas percevoir l'ampleur du sujet écologique.

La finance dirige-t-elle vraiment le monde ?

En 2008, la crise financière a bousculé le monde et pourtant, en 2012, rares sont ceux qui ont compris la phrase de François Hollande, alors candidat à la présidentielle :

« Mon véritable adversaire n'a pas de nom, pas de visage, pas de parti, il ne présentera jamais sa candidature, il ne sera donc pas élu et pourtant il gouverne. Cet adversaire, c'est le monde de la finance. Sous nos yeux, en vingt ans, la finance a pris le contrôle de l'économie, de la société et même de nos vies. Désormais, il est possible en une fraction de seconde de déplacer des sommes d'argent vertigineuses, de déplacer des États, de mettre à bas des banques, de délocaliser des entreprises. Cette emprise est devenue un empire, et la crise qui sévit depuis le 15 septembre 2008 l'a renforcé. Face à elle, cette finance, des promesses de régulations sont restées lettre morte. Les G20 se sont succédé sans résultats tangibles. En Europe, 16 sommets de la dernière chance ont été convoqués pour reporter au suivant la résolution définitive du problème. Les banques sommées par les États mangent la main qui les a nourries. Les agences de notation décriées à juste raison de n'avoir rien vu de la crise des subprimes décident du sort des dettes souveraines des principaux pays justifiant ainsi des plans de rigueur de plus en plus douloureux. Quant aux fonds spéculatifs, ils sont encore les vecteurs de la déstabilisation qui nous vise, ainsi la finance s'est affranchie de toute règle, de toute morale, de tout contrôle[8]. » La finance ne devrait être qu'un outil, qu'un levier de financement et de choix. Mais la finance est devenue une idéologie souveraine qui prône le marché le plus libre possible, qui va naturellement réguler ce qui doit exister ou non dans l'économie. Cette finance crée une dépendance, notamment des États avec la dette publique. Personne n'avait alors compris ces lignes du discours du Bourget. Leur lecture, inscrite dans une vision partisane du monde, revenait alors à opposer le président des riches et le président du peuple. Dix ans plus tard, la finance est devenue notre meilleure arme lorsque nous imposons des sanctions économiques à la Russie à la suite de son invasion en Ukraine.

Mon premier livre m'a conduite à intervenir dans différentes rencontres économiques et patronales À l'été 2021, j'ai été invitée à participer aux Rencontres économiques d'Aix-en-Provence, l'événement annuel du Cercle des économistes et lieu saint du patronat français. Avant la pause estivale, grands patrons, économistes, lobbyistes et hommes politiques se retrouvent pour un week-end de conférences et de réseautage sous le soleil aixois. Quelques mois auparavant, une membre du comité éditorial de l'événement m'appelle pour me proposer de l'aider à « disrupter » les rencontres, les discussions y sont plutôt conventionnelles et on y voit rarement de jeunes femmes intervenir. Elle me propose donc de conclure les rencontres sur la scène principale aux côtés d'un patron du CAC40, d'une prix Nobel d'économie et d'une patronne d'ONG. J'accepte sans réfléchir tant je pense que le message de mon premier livre, *Ma génération va changer le monde*, s'adresse à cette cible, c'est-à-dire à ceux qui font l'économie française. Sur place, j'ai observé deux choses. La première, c'est que le patronat français ne s'est pas transformé du tout, y demeure un élitisme d'autrefois et une vision du monde exiguë et excluante. Rien ne changera tant que les personnes qui dirigent l'économie française ne seront pas confrontées à des diversités de regard, d'opinion qui se construisent par des diversités d'être. Les problèmes de diversité, de parité et d'incarnation ne sont pas à la marge, ils sont au centre, le cœur même du sujet. La seconde, c'est qu'il existe une dichotomie énorme entre les intellectuels et les praticiens. Les économistes du Cercle sont tout à fait alignés avec l'époque, remettent largement en question la croissance et ont une vision très claire du réchauffement climatique et de ses conséquences économiques et politiques. Leurs discours sont précis et rassurants. Dans le même temps, je croise le conseiller communication du ministre de l'Économie qui me montre, fier de son travail, la une d'un quotidien à paraître le lendemain : « Bruno Lemaire se félicite d'un record de croissance ». Les économistes du Cercle évoquent la décroissance, l'insoutenabilité du modèle, et dans le même temps, Patrick Pouyanné, PDG de Total, prend la parole pour défendre le bien-fondé de son entreprise. À la pause, je fais part de mon étonnement face à si peu de diversité à un patron d'une branche d'une entreprise du CAC40 qui me répond : « Mais non, Mademoiselle, une délégation d'Africains arrive demain, ne vous en faites pas. » Sans commentaire.

Logiquement, dans un système politique basé sur les flux marchands, la finance est au centre. Elle est l'origine de tout, la première pierre du fonctionnement de nos sociétés contemporaines, puisque « c'est ce qui choisit ce qui doit exister[9] ». C'est l'argent qui décide comment on priorise les décisions, quels choix politiques on fait. La finance publique détient également une grande responsabilité et, selon les choix politiques qu'elle fait, un impact sur les vies de populations entières. Depuis les années 1980, il y a un consensus idéologique néolibéral issu de la révolution conservatrice qui a dicté un certain nombre de comportements comme la privatisation, la dérégulation, la disparition des frontières. Ces comportements ont permis d'ouvrir le monde post-URSS. Mais ce monde s'est effondré en 2008. Malheureusement, l'opportunité de changer le système lors de cette crise n'a pas été saisie. Depuis, nous vivons avec un « biais court-termiste et financier », comme l'affirme Bertrand Badré, ancien directeur général de la Bande mondiale[10]. Nous sommes en train de changer de période, mais nous n'arrivons pas encore à faire évoluer le système. Par exemple, en France, à l'université ou en école de commerce, nous apprenons le fonctionnement des marchés financiers, des algorithmes financiers ou d'une entreprise. Mais rien sur l'obsolescence des thèses économiques du XIXe siècle. Nous apprenons encore Friedman et la main invisible comme concept absolu alors que Smith lui-même relativisait la main invisible par un État fort en charge d'encadrer.

En 2022, les 11 principales banques de la zone euro cumulent encore 530 milliards d'euros d'actifs liés aux énergies fossiles, soit 95 % de leurs fonds propres. Toutefois, les banques - dont le cœur de métier est d'anticiper les risques - se préparent au désordre climatique. Le Global Risks Report 2022 a placé l'échec de l'action vis-à-vis du climat comme la menace la plus importante à moyen terme (2 à 5 ans) tout en exprimant la crainte d'une « transition rapide, mais désordonnée ». Le mot « désordonné » a largement alerté les milieux financiers qui se préparent à des chocs et des tensions. Concrètement, ces chocs sont les catastrophes climatiques qui sont passées de 900 milliards de dollars entre 1978 et 1997 à 2 250 milliards de dollars de 1998 à 2017. La finance a bien compris l'enjeu, ce qu'elle ignore encore c'est si la transition sera ordonnée ou désordonnée, ce qui impactera largement les coûts. La banque d'Angleterre a établi les risques économiques causés par le réchauffement : d'abord les risques climatiques liés aux catastrophes, puis le risque de responsabilité dans les cas où les victimes du réchauffement climatique demanderont des compensations, notamment aux secteurs du pétrole et du charbon. Enfin, les risques de transition désignent les pertes potentielles des choix politiques pour décarboner l'économie. Les *stranded assets*, c'est-à-dire les titres qui ne vaudraient soudain plus rien, vont se multiplier à mesure que les États renonceront aux énergies fossiles. Le métier des financiers est de savoir détecter les risques, alors forcément, ils sont au cœur du sujet. Ce qui est étonnant est la lenteur de la transition au regard de la rapidité de l'information. Les banques reçoivent mieux que partout ailleurs des informations de qualité sur les risques écologiques, mais l'actionnariat à court terme a encore le pouvoir face au développement durable. Comment sortir du paradigme friedmanien ? Nous devons changer l'objet du capitalisme, qu'il ne s'agisse pas seulement du profit, mais de « trouver des solutions profitables aux problèmes de notre planète et de ses habitants[11] ».

La finance donne également des raisons d'être optimistes. Comme dit précédemment, elle est ce qui décide ce qui va ou non exister ; avec un revirement massif des investissements, nous pouvons aller très vite vers les transitions. 2022 a été un point de bascule sur les investissements verts qui ont pour la première fois dépassé les 1 000 milliards de dollars[12], une somme pour la première fois égale aux investissements dans les énergies fossiles. La montée en puissance des investissements a lieu dans les transports également : électrification, hydrogène... Ces investissements montrent que le monde a enfin pris conscience massivement. Pour autant, les sommes engagées sont insuffisantes, elles doivent être triplées chaque année pour atteindre les objectifs de neutralité carbone à l'horizon 2050[13].

Les dirigeants apportent globalement la même réponse au problème : c'est la loi du marché, que voulez-vous qu'on y fasse ? Et si c'était simplement la loi du marché qui nous empêchait de réussir la transition écologique ? Une de leurs phrases récurrentes est souvent « le pouvoir vient des consommateurs » ou « ce sont les consommateurs qui décideront du sort de la planète car l'économie de marché fait que l'offre s'adapte à la demande ». Il semblerait que nous soyons dans un cycle infernal où chacun encourage l'autre à produire. Or, des chercheurs en psychologie sociale affirment que ce pouvoir est altéré par de la manipulation comportementale de la part des géants du marketing qui poussent à l'hyperconsommation et à la diffusion de l'idéologie néolibérale. Des chercheurs[14] ont étudié les publicités et les slogans de grandes entreprises mondialisées comme Apple, McDonald's ou Hugo Boss et ont retrouvé les quatre valeurs du néolibéralisme : unicité, hédonisme, liberté individuelle et autosuffisance. C'est ce qu'on appelle des conditionnements évaluatifs, en associant des valeurs à des sentiments positifs, ces marques s'adressent directement à notre cognition, notre cerveau, pour influencer nos comportements d'achats. Le néolibéralisme ne domine plus les corps, mais conditionne les esprits. Ces conditionnements évaluatifs nous conduisent à percevoir certaines idées d'une certaine manière. C'est le cas depuis la fin de la Seconde Guerre mondiale, conséquence du plan Marshall dont l'une des conditions était la libre circulation de produits culturels vers l'Europe, et cela n'a fait que s'amplifier depuis, grâce à la puissance des nouveaux outils de communication. Les différentes techniques de marketing, bien connues par les professionnels du sujet, sont en fait des techniques de manipulation cognitive. Le principe d'amorçage par exemple nous conduit à adopter un comportement en phase avec nos pensées, qui sont saturées par une publicité que nous aurons vue sur Internet, à l'abribus et dans le métro. La France est très en retard sur les sujets d'économie comportementaliste, nous avons peu de chercheurs et refusons d'avancer sur ces sujets fondamentaux qui guident nos sociétés. Dans une société de marché, le pouvoir vient de la consommation, mais la consommation est influencée par l'économie qui est elle-même régulée (ou non) par le politique. La liberté dans la société de consommation existe-t-elle[15] ? Quel est le réel pouvoir d'un consommateur ?

Le rôle ambigu des médias

Vous faites peut-être partie des millions de spectateurs à avoir vu *Don't Look Up*, cette analogie du monde moderne qui dénonce notre incapacité à conduire la transition écologique. Le film raconte la découverte par deux scientifiques d'une comète fonçant droit vers la Terre et qui peinent à convaincre dans un monde où vérité, émotions et divertissement s'entremêlent, créant une confusion meurtrière. Les scientifiques ont unanimement salué la pertinence de ce film qui révèle que notre système d'information est défaillant et empêche de voir la réalité. Au cœur du sujet, le rôle des médias. Il y a des scènes de *Don't Look Up* observables dans les médias français, notamment quand on reproche aux scientifiques d'être « trop alarmants » ou « inquiétants », alors qu'ils ne font que délivrer des informations scientifiques. J'ai dit moi-même une fois sur un plateau TV que le problème écologique est que nos modèles économiques détruisent le vivant, ce qui est une vérité scientifique, et j'ai eu tout le plateau contre moi disant que j'étais trop « radicale ». Le traitement médiatique du sujet reste encore très brouillon. Le temps alloué est trop faible, la pédagogie autour des différentes notions clés n'est pas faite et surtout, on ressent souvent l'incompréhension des journalistes qui n'ont pas été formés sur la question. Autre problème, les journalistes - comme le reste de la société - ont du mal à traiter le sujet avec une approche transversale, systémique pour montrer l'ampleur des changements à opérer. Enfin, les journalistes considèrent encore souvent l'écologie comme un sujet de gauche, les politiques de droite sont peu, voire pas du tout interrogés sur leur vision écologique tandis que ce sujet, par son ampleur, devrait être au cœur de toute interview politique. Est-ce normal qu'en 2023, un politique de droite puisse faire une interview entière sans qu'on lui parle d'écologie ?

L'émergence des réseaux sociaux en tant que source d'information s'accompagne d'une perte d'autorité des médias traditionnels, qui sont remis en cause par une partie de la population qui dénonce « les liens étroits qu'ils entretiennent avec les pouvoirs politiques ou économiques[16] », des liens complices qui contribuent à manipuler la population. Les médias ont perdu leur rôle de quatrième pouvoir, permettant de contrebalancer le pouvoir de l'État par une parole dissidente forte et crédible. Les liens de confiance sont distendus, notamment auprès des jeunes publics qui ont grandi dans un monde digital. La menace de ce nouveau système d'information est qu'il n'existera bientôt plus de commun informationnel qui permet à toute une nation de se représenter l'information de la même manière – on peut d'ailleurs estimer que ce n'est déjà plus le cas...

Les journalistes ne sont pas aidés par l'époque. On assiste à ce que l'on nomme parfois l'ère de post-vérité, situation dans laquelle il est donné plus d'importance aux émotions et aux opinions qu'à la réalité des faits. L'idée de la post-vérité est qu'il est plus facile d'orienter l'opinion publique en parlant d'émotions que de faits avérés. Ce concept est notamment causé par l'émergence des réseaux sociaux qui a drastiquement baissé notre capacité d'attention et notre capacité d'écouter des idées émanant d'ailleurs que de notre bulle cognitive. Les conséquences de ce nouveau système d'information est qu'il a profondément transformé les liens de confiance et la capacité à hiérarchiser les paroles et distinguer le vrai du faux. J'ai été horrifiée d'entendre un dirigeant d'une grande entreprise me dire que les journalistes du service public racontaient n'importe quoi et qu'ils étaient peu fiables. Nous ne savons plus crédibiliser ou non les informations, ce qui menace grandement nos systèmes. Une réalité commune devient presque impossible à discerner au sein de l'archipel français[17], où les croyances remplacent la vérité. Cette culture de la post-vérité oriente les débats vers les émotions, ignore parfois les faits ainsi que la nécessité d'y soumettre une argumentation. Cela conduit à une fragmentation de la vérité en croyances où chaque bulle cognitive d'une nation cohabite sans coopérer. Ces fractures sont dangereuses, comme l'écrivait Hannah Arendt en 1974 : « Un peuple qui ne peut plus rien croire ne peut se faire une opinion. Il est privé non seulement de sa capacité d'agir, mais aussi de sa capacité de penser et de juger. Et d'un tel peuple, vous pouvez faire ce que vous voulez. »

Le changement peine à advenir au sein des parties prenantes des transitions : politiques, dirigeants économiques, médias, comment accélérer la mise en mouvement de nos élites pour réussir les transitions qui sont devant nous ? Il semblerait que les freins de ces publics soient culturels. Et si la solution aux crises que nous traversons n'était pas tant technologique ou politique, mais justement culturelle, au sens identitaire ? La culture comme l'ensemble des connaissances, des savoir-faire, des traditions, des coutumes propres à un groupe humain, à une civilisation. La culture comme liant social, comme commun nous permettant de faire société.

Et nous dans tout ça ?

Une étude du think tank Destin Commun a étudié les systèmes de croyances, les « convictions profondes », dans lesquels s'ancrent les opinions et conduisent les individus à interpréter le monde autour d'eux. Six familles de Français ont été analysées :

1. Les laissés-pour-compte, ils représentent environ 22 % de la population et sont défiants, se sentent abandonnés et peu respectés, ils sont désengagés et en colère.
2. Les identitaires, environ 20 %, sont plutôt âgés, déclinistes, conservateurs et intransigeants.
3. Les attentistes, environ 16 %, sont plutôt jeunes, détachés, individualistes, incertains et désengagés.
4. Les libéraux optimistes, environ 11 %, sont plutôt jeunes, individualistes, pragmatiques, confiants et libéraux.
5. Les stabilisateurs, environ 19 %, sont modérés, installés, engagés, rationnels, compassionnels et ambivalents.
6. Enfin, les militants désabusés, environ 12 %, sont diplômés, cosmopolites, sensibles aux inégalités, pessimistes, laïcs.

Ces six familles de Français ont des croyances différentes qui influent sur leur perception de la menace, leur optimisme ou pessimisme, leurs fondements moraux et leurs modes de vie. Ces groupes composent l'archipel français, une nation multiple et divisée qui cohabite dans des bulles cognitives, empêchant les connexions sociales de chaque groupe, à cause de chaque culture et des informations accessibles *via* les nouvelles technologies. Chaque groupe a donc sa conception propre de l'écologie, avec ses propres croyances et sa vision des solutions à mettre en œuvre. Cependant, l'étude a prouvé que l'écologie peut aider à construire des ponts dans l'archipel. Sept Français sur dix sont convaincus que la protection de l'environnement est un enjeu qui peut nous rassembler. Cette conviction est moins élevée chez les Laissés-pour-compte et les Attentistes, mais elle est tout de même majoritaire, contredisant l'idée d'une opposition entre environnement et justice sociale. Elle est largement partagée par les Identitaires et les Militants désabusés, alors même que leurs systèmes de valeurs sont radicalement opposés. S'engager dans la transition écologique répond à un besoin profond de notre société : se projeter collectivement dans l'avenir. Les Français ne perçoivent pas l'écologie comme une menace, seuls 23 % d'entre eux pensent qu'il s'agit d'un risque pour l'emploi. La transition écologique est perçue comme créatrice et n'est pas un objet de crispation - contrairement à ce que l'on entend dans les médias -, mais plutôt de projection. L'écologie est une opportunité de recréer un récit collectif. Dans une France qui doute d'elle-même et pense ne s'entendre sur rien, cette étude est très surprenante car elle montre que l'écologie et la protection de la planète apportent de la fierté, une possibilité d'agir et un sentiment d'appartenance. Huit Français sur 10 jugent que lorsqu'ils font un geste en faveur de la planète, ils sont fiers et ont le sentiment d'appartenir à un effort collectif. Cette conviction dépasse les 60 % dans toutes les familles. Elle apporte aux Français le sentiment de responsabilité et de capacité d'agir.

Cette étude ne doit pas empêcher de regarder la réalité en face : l'écologie invite à redéfinir notre système de valeurs, et à entrer dans une bataille profonde pour définir « quels attachements et quels assemblages entre institutions, machines, pouvoirs, milieux, nous voulons[18] ». Ne soyons pas naïfs, il va falloir accepter le trouble qu'elle impose à tous les niveaux de la société : la crainte des premiers de cordée de perdre leurs privilèges, le besoin de repenser en profondeur une économie déphasée des besoins élémentaires, les risques d'effondrement d'industries entières... L'enjeu est colossal. Les six familles idéologiques en sont bien conscientes, quand on leur parle d'écologie les sentiments ressentis sont à 48 % la tristesse, à 40 % la colère, à 39 % l'impuissance et à 31 % l'angoisse. Seuls 18 % éprouvent de l'espoir. Ces sentiments bloquent le passage à l'action et suscitent davantage d'apathie, ce qui se ressent dans les urnes à chaque élection avec une croissance exponentielle du nombre d'abstentionnistes. L'enjeu principal est la capacité d'agir, et c'est à cet endroit précis que les croyances et la culture sont un frein.

L'étude se conclut sur cette conviction : « L'écologie est un enjeu sur lequel peut se bâtir du commun. La question sera alors celle des messagers et des messages. »

Chapitre 4

Faire sortir la fourmi du cercle

Changer de paradigme

L'anthropocène donne trop de pouvoir aux humains, les transformant en force biologique. Être une force capable d'influencer le climat est une idée insoutenable, d'où le déni des découvertes scientifiques. « Il y a quelque chose d'écrasant, de sidérant dans ce pouvoir planétaire donné à chacun de nous, alors que nous ne comptons pour presque rien dans le bilan carbone de l'humanité en général », nous dit Jean Birnbaum. Alors, le pouvoir politique doit agir puisque « nous savons désormais qui a abusé de son pouvoir, consciemment ou non, aux dépens de la planète[1] ». Face à ces abus, le pouvoir citoyen, activiste, digital se lève et diffuse son influence de plus en plus largement. Cette bataille de pouvoir entre forces opposées qui n'ont ni les mêmes valeurs, ni les mêmes modes opératoires, déterminera l'avenir de la planète.

Depuis la révolution industrielle, nous avons bâti notre société, et le monde occidental, autour de la pensée cartésienne de la séparation des disciplines, de la division du travail. Nous avons construit le monde comme une mécanique qui se monte et se démonte, et nous avons perdu de vue l'idée du point de rencontre entre les disciplines, c'est-à-dire l'idée des projets communs. Pourquoi les disciplines existent-elles ? Pourquoi l'innovation existe-t-elle ? Pour créer des projets ! Et les projets eux-mêmes sont là pour créer les conditions de notre existence individuelle et collective. Nous avons voulu bâtir un monde homéostatique, c'est-à-dire un système en capacité de conserver l'équilibre de son milieu intérieur - son équilibre de fonctionnement - en dépit des contraintes externes. Les crises récentes démontrent la marge d'erreur de ce système.

L'enjeu de la transition écologique est de dé-mécaniser pour re-politiser au sens aristotélicien, tout étant politique. Voici le cœur du pouvoir, l'interdépendance de chaque composite qui crée, selon les cas, des cercles vertueux ou des cercles vicieux. L'homme est un animal politique puisqu'il vit en société et que la politique est la condition de notre vie commune. Cette politique construite sur le modèle industriel ne fonctionne plus, le monde est devenu un décor à la disposition de l'espèce humaine. On imagine qu'il se monte et se démonte à l'infini, que nos actions n'ont pas de conséquences et que les États se construisent à partir de cette richesse industrielle. Le modèle industriel instrumentalise la nature et la science au profit de la création de richesses. Nous avons cru le monde infini et résilient, mais dans une vision mécanique du monde, l'innovation apparaît comme une solution à la crise climatique. L'innovation réutilise les recettes du monde industriel, extractives et non régénératives, c'est un déni de nos impasses. Il ne faut pas innover, il faut changer. Pour autant, entre ce que l'on peut modéliser, penser ou espérer et ce que l'on fait, il y a un gap. Le pouvoir réside dans notre capacité de passer à l'action. D'un côté, nous savons que les révolutions finissent dans le sang, de l'autre la continuité est trop lente pour préserver la planète. Comment assumer une rupture suffisante pour être en adéquation avec les recommandations du GIEC tout en créant les conditions de sécurité pour nous, nos enfants et les générations futures ? Voici la question du siècle. Envisager les solutions à privilégier, que ce soit en revenant à la bougie ou en multipliant les investissements dans l'hydrogène, n'est pas la question. Les réponses sont avancées avant les questions et cela empêche de poser le bon cadre de discussion.

Certains écologistes pensent que seule la rupture nous permettra de maintenir des conditions d'existence décentes sur la planète. Mais dans quelle mesure faut-il sacrifier le présent pour espérer sauver le futur ? Le seul objectif qui vaille est la pérennité de nos sociétés et notre capacité, ainsi que celles de nos enfants, d'en jouir. Le cadre est posé. Ce n'est pas une question de réglage, c'est une question de paradigme. Transposé au cadre politique, que préfère-t-on, la tyrannie verte ou la démocratie mortifère ?

La révolution industrielle était, avant tout, un état d'esprit philosophique : l'homme a tué Dieu au profit de lui-même. Dépassant son incapacité et son incompréhension, il devient en charge d'organiser et d'animer le monde. Cette ère a aussi été vertueuse : création de richesse mondiale, recul de la misère, alphabétisation... Les progrès de ces deux derniers siècles sont extraordinaires. Il n'est pas question de le nier. Mais ce système se heurte à la finitude des ressources, ainsi qu'à sa propre démesure. Il faut désormais enterrer cette idée d'un espace infini, l'enseigner à l'école, le faire admettre aux dirigeants et hommes politiques. Imaginer s'en sortir sans une forme de sobriété est impossible car considérer que le progrès technique permettra de régler tous les problèmes d'accès aux ressources est illusoire. En revanche, organiser des conditions de vie sobre et heureuse est possible à condition de bâtir un modèle de société où le bonheur ne se mesure pas à notre capacité de consommation. La distinction entre l'essentiel et le non-essentiel qui a émergé lors de la pandémie est une bonne grille de lecture que l'on pourrait appliquer aux emplois, aux déplacements, aux achats... à condition de trouver un consensus.

Sortir de l'impasse, c'est dépasser l'homéostasie pour comprendre que l'état du monde nous affecte directement ; il s'agit de prendre la mesure de notre dépendance et de notre fragilité. Là encore, la pandémie a été un bon enseignement. L'ère industrielle s'achève sur une crise de sens mondiale, qui remet en question nos modèles en profondeur : le *big quit*, cette grande démission, devient un phénomène planétaire, la néo-ruralité et l'exode urbain ne cessent de s'amplifier, le patriarcat est enfin en cours de profonde remise en question et l'émancipation des femmes s'organise. La quête de sens est le fil rouge de la volonté de changement de paradigme. Comme l'activiste américaine Naomi Klein l'écrit sur notre système économique : « Si les humains peuvent accepter de sacrifier autant d'acquis sociaux à la stabilité d'un système économique qui rend leur existence de plus en plus contraignante et précaire, ils sont certainement capables d'apporter d'importants changements à leurs modes de vie pour stabiliser les systèmes dont dépend toute vie. »

On reproche souvent aux partisans de l'écologie radicale d'oublier complètement les apports de la croissance, de rejeter un système de manière dogmatique au lieu de mesurer les réussites de celui-ci. Pour autant, cela ne justifie pas de maintenir le système de production installé depuis l'après-guerre qui menace notre espèce. Nous avons 10 ans pour faire autant de chemin que celui parcouru en trois siècles. La déconstruction d'un système peut-elle être plus rapide que sa construction ? Depuis 1700, il y a une corrélation entre progrès économique et diminution des taux de mortalité. Depuis 1945, le système productiviste de croissance nous a permis de mettre en place des systèmes de santé performants avec notamment la couverture universelle. Toutefois, beaucoup d'idées reçues existent sur le rapport de causalité entre santé et croissance. Là encore, l'idéologie s'est fait une place. Éloi Laurent nous parle d'« économisation de la santé[2] ». On a imposé au système de santé des systèmes de gestion économique qui sont inappropriés. Ainsi les économistes ont-ils voulu évaluer la vie humaine par rapport à l'apport monétaire pour la Sécurité sociale, ce qui était une mauvaise méthode. Depuis le choc pétrolier, ces modèles s'effondrent. Aux Trente Glorieuses, le philosophe Jacques Rancière oppose politiquement – non économiquement – les trente inglorieuses qui viennent de s'écouler et qui ont fait croître les inégalités, les autoritarismes et les idéologies illibérales. Parmi ces dérives, les passions sécuritaires qui animent les débats politiques dans la plupart des pays occidentaux sont la preuve de la fin d'un modèle, « la lutte contre l'insécurité est au croisement de la destruction de protection sociale demandée par la libre circulation des capitaux et la lutte contre la libre circulation des personnes[3] ». L'insécurité est devenue un mode de gestion des populations qui peut s'appliquer à toutes les crises et, de fait, renforce drastiquement le pouvoir de l'État. Les vrais libéraux savent que le libéralisme est en danger.

Nous vivons dans une ère de disruption, où nous ne savons changer que par la rupture, que ce soit des révolutions populaires ou des attaques extérieures qui causent des effondrements politiques, le changement advient par la destruction. C'est le scénario écologique le plus probable pour les années à venir. Les conséquences politiques des effets des catastrophes écologiques nous contraindront à changer en profondeur. Malheureusement, ce scénario implique beaucoup de souffrance humaine à moyen terme. J'ai envie de croire qu'une autre issue est possible, favorisant justement la transition à la révolution. Cette vision est sans doute trop modérée pour être comprise par cette époque clivée et essentialisante, mais elle me paraît l'étroit horizon au milieu du chaos qui nous attend, tout en étant une formidable opportunité politique pour les Français et au-delà.

La société écologique, pour être comprise, nécessite avant tout d'accepter de faire un pas de côté. Et c'est souvent là que l'on en perd pas mal en chemin. On n'imagine pas à quel point les codes, dans les milieux professionnels notamment, sont figés. J'en fais régulièrement le constat au sein de mon activité de conseil en transition écologique. Un exemple. Il était question d'accompagner une entreprise du CAC40 à définir sa raison d'être, meilleure base de travail pour consolider une boussole vertueuse qui permet de guider l'action stratégique de l'entreprise. Pour ce faire, nous proposons à l'entreprise, basée à La Défense, quatre sessions de travail réunissant les 80 dirigeants de l'entreprise répartis sur plusieurs mois. L'une d'elles étant au milieu de l'été, je propose spontanément de l'organiser « hors les murs » car je réalise qu'à 8 minutes à pied de là se trouve un tiers-lieu de l'opérateur Yes We Camp qui crée des espaces dédiés à penser les transitions. Celui-ci est un jardin urbain en plein milieu des tours de La Défense où l'on trouve une pépinière horticole et un potager urbain. Bien sûr, le lieu détonne avec les grands immeubles, mais l'idée est simplement d'organiser une session dans un contexte différent. Je n'imaginais pas à quel point cette proposition allait paraître « disruptive » à mes interlocuteurs et mobiliser autant de réunions pour se demander dans quelle mesure on pouvait se permettre ce « pas de côté ». Voilà un exemple symptomatique de notre histoire de fourmi, les corporate ont des codes fixes, bien établis qui sont conçus pour éviter tout changement. Ce sont ces mêmes codes qui aliènent les salariés, même au plus haut niveau, et expliquent que nombre de mes interlocuteurs sont intimement convaincus que leur entreprise est vertueuse alors même que la presse et les ONG démontrent le contraire. C'est la raison pour laquelle il existe de nombreux cabinets de conseil en conduite du changement, qui ont théorisé avec différentes méthodes des techniques pour « faire bouger les corporate ». Parfois, ils vendent des aménagements de bureaux en open space, parfois un séminaire « inspirant », bref on est loin de la vraie vie, mais en même temps quand on fréquente ces milieux on comprend le besoin d'être accompagnés sur de la gestion humaine. Les entreprises à taille humaine sont bien plus rassurantes, on y rencontre des professionnels agiles et plus ancrés, ça tombe bien, la France regorge de PME !

Convaincre le cerveau, le cœur et le corps

Pour convaincre le cerveau, l'écologie doit désamorcer les biais cognitifs, c'est-à-dire les distorsions que subissent les informations dues à des croyances qui entrent dans nos cerveaux. Ces influences inconscientes et automatiques sur le jugement produisent des erreurs de raisonnement, notamment sur la question écologique car les données scientifiques entrent en contradiction avec notre mécanisme cognitif. Nous possédons en effet un organe, le striatum, qui libère de la dopamine lorsqu'on fait ce qu'il nous demande. Cet organe nous pousse à quatre actions propices au développement : manger, se reproduire, acquérir du pouvoir, obtenir un statut social, et être partisans du moindre effort. Ces actes qu'il nous pousse à faire d'une façon irrépressible, en passant au-dessus de notre intelligence, nous ont permis de survivre et de nous développer depuis des millions d'années. Le problème est que le striatum veut toujours plus, ce qui empêche tout projet de sobriété. On meurt désormais plus d'obésité que de faim dans le monde, on multiplie les objets électroménagers supposés nous éviter des efforts, et on continue de produire des SUV pour servir le besoin de statut social... Le striatum est le responsable du déni climatique de la population mondiale, comme l'écrit Sébastien Bohler dans son livre *Le Bug humain*[4]. Mais les dénis, ça se guérit. En outrepassant les biais cognitifs, nous savons regarder la situation en face, ce qui conduit beaucoup de citoyens informés et concernés à un autre problème, la dissonance cognitive : d'un côté le striatum donne envie de consommer, de l'autre le cortex singulaire nous montre le danger. C'est le télescopage du désir et de la raison[5]. Cet autre organe, le cortex singulaire, nous demande justement du sens[6]. Cette dissonance fait naître de l'éco-anxiété mais est aussi un puissant moteur d'action. Une fois les biais cognitifs dépassés par la sensibilisation et la formation, la dissonance cognitive permet le passage à l'action. S'adresser au cerveau ne suffit pas, l'écologie, pour être comprise, doit s'adresser au cœur, au sensible, aux particularités de chacun et au corps, à l'expérience, la sensation. Pour ceux qui vivent ou ont grandi dans des milieux ruraux, qui ont pratiqué des sports de nature, l'écologie est évidente. On aime la nature quand on la connaît, car on aime ce que l'on connaît et on connaît ce que l'on touche. Personnellement, j'ai longtemps eu une certaine aversion pour la nature, ma famille vit en ville depuis des générations et personne autour de moi ne m'a aidée à créer ce lien spirituel que certains entretiennent. C'est ce qu'ont bien compris de nombreux jeunes qui partent par exemple faire du woofing, nourris et logés en échange de travail à la ferme, quittent les villes pour s'installer dans des zones rurales, et se consacrent à des métiers de la terre et de l'artisanat. Ces jeunes ont inversé le mythe des métiers « nobles » et « indignes » et vont faire l'effort de déconstruire pour reconstruire et accéder au monde de demain.

Au lendemain de la dernière élection présidentielle, j'ai décidé d'initier une pétition. Je venais de passer cinq années de consternation face aux réactions anti-écologiques du gouvernement sur différents points clés : la non-interdiction du glyphosate, hautement cancérogène, le maintien de la pêche industrielle, qui racle les coraux et détruit de la biodiversité âgée de milliers d'années, ou encore les différents projets économiques comme l'aide au financement d'un pipeline de Total, les OPA pour renforcer les géants, et l'inaction générale... L'idée de cette pétition était donc de proposer une formation de 20 heures aux enjeux écologiques pour le président et le nouveau gouvernement, inspirée de cette phrase de Jean-Marc Jancovici, « je ne parle qu'avec les dirigeants qui ont fait leurs 20 heures ». Car tous ceux qui ont été formés aux enjeux écologiques ont justement dépassé leurs biais cognitifs et savent que les données sont factuelles, scientifiques, cartésiennes et ne relèvent ni de croyance, ni d'opinion politique. La convention citoyenne pour le climat en a été un bel exemple, 150 Français de tous horizons ont été tirés au sort et, à l'issue de leur formation, 100 % d'entre eux étaient convaincus par l'urgence et l'importance de l'action écologique. D'ailleurs, ce constat-là avait été trop peu repris par les médias, mais il était le vrai enseignement de la convention : quand on est formé, on ouvre les yeux, le voile tombe et on devient radical.

Je me disais alors que l'insuffisance du précédent quinquennat en la matière ne pouvait pas relever d'un manque de courage, ou pire d'un manque de convictions, mais plutôt de biais cognitifs qui empêchaient le gouvernement d'alors de prendre les bonnes décisions. J'ai donc cru que nous pourrions ouvrir un espace-temps de 20 heures pour faire du contre-lobbying et convaincre les décideurs politiques. Le gouvernement a accepté de former 25 000 hauts fonctionnaires, mais lui s'est dispensé de suivre ces 20 heures...

Après cinq années d'expérience sur le terrain, à naviguer entre activistes écologistes entrés depuis longtemps en dissonance cognitive, et chefs d'entreprise qui commencent à peine à réaliser que la croissance pose problème, j'ai découvert que la formation est le cœur du sujet. Elle seule est capable de lever les verrous qui bloquent la prise de décision car la raison du blocage est dans l'esprit de ceux qui prennent des décisions. Une étude a identifié quatre verrous qui empêchent quelqu'un d'être acteur de la transition écologique :

- Le premier est celui de l'information (« avez-vous entendu qu'il y a un problème ? »). Les « ignorants » sont ceux qui n'ont pas encore eu accès à l'information. Ils sont de moins en moins nombreux depuis que Poutine nous contraint à l'économie d'énergie et que les actualités dramatiques comme les feux de forêt et les pénuries se renforcent.
- Le second verrou est celui de la croyance. Les « incrédules » sont ceux qui doutent encore de la véracité des informations. Il resterait encore environ 10 % de climatosceptiques selon une étude de l'ADEME. Pour lever ce verrou, il faut lier le sujet à des enjeux personnels : incendies proches du village de son enfance par exemple, alors le sujet devient concret.
- Le troisième verrou est celui de l'évitement. Les « occupés » ont mieux à faire pour des raisons plus ou moins légitimes : un Ukrainien pourrait considérer légitimement que la guerre sur son territoire

l'empêche de penser au futur, mais un patron de PME pourrait considérer qu'il a d'autres sujets à gérer ou un influenceur Tik-Tok pourrait se dire que ce n'est pas son combat.

- Le quatrième verrou est celui de l'incapacité. Les « préoccupés » ne se sentent pas capables de mettre en œuvre des actions favorables à la transition. Ce verrou est le plus complexe, car il fait entrer beaucoup de citoyens en dissonance cognitive, générant de l'éco-anxiété. Seul le passage à l'action permet de réduire l'angoisse, mais elle n'est pas évidente pour tous.

Les formations permettent de lever ces quatre verrous pour créer des « architectes », acteurs de la transition et de la transformation. Une fois formés, les architectes envisagent leur action comme d'intérêt général, ce qui procure également sens et motivation. Car ce qui nous attend n'est pas une simple transition, mais une mutation profonde de nos systèmes. Les crises n'arrivent plus de manière séquencée mais de manière simultanée. Nous n'aurons bientôt d'autre choix que de les traiter ensemble, comme un tout. Crises sanitaire, économique, financière, migratoire... la crise est civilisationnelle car elle a oublié l'humain. Les entrepreneurs, dirigeants ayant passé les quatre étapes de leur mutation sont de plus en plus nombreux, ils deviennent les meilleurs atouts de la transformation car ils mettent leur force productive au service du vivant. La révolution culturelle, déjà en cours dans notre pays, pour laquelle des millions de Français œuvrent chaque jour, est notre seul rempart face à la violence. Ce mouvement est à la tâche pour bâtir les fondations du nouveau monde. Nombreux sont les exemples significatifs d'avancées à petite échelle qui, mises bout à bout, vont changer le monde. Mais personne ne planche vraiment sur le grand projet, notre projet de société. Intégrer le vivant, protéger la planète par le droit, horizontaliser les modes de gouvernance, sortir de notre système politique dysfonctionnant sont autant d'éléments incontournables pour bâtir une civilisation écologique. Ce monde nouveau est possible, à condition de commencer par l'imaginer.

La culture, clé de sortie de l'impasse

La transition écologique semble devoir passer par trois phases : l'écologie scientifique, qui consiste à reconnaître les faits scientifiques du réchauffement climatique et à en comprendre les conséquences. Cette écologie du constat ne conduit pas aux transformations profondes qui ne peuvent venir que du politique. La seconde phase est alors celle de l'écologie politique. Celle-ci est en pleine éclosion, l'écologie gagne dans la plupart des grandes villes (Paris, Lyon, Marseille, Bordeaux, Toulouse, Strasbourg, Grenoble...), mais ne parvient pas encore à atteindre le niveau national. Elle est encore assimilée à un projet politique de gauche et délaissée par les partis de droite. Pour conduire des transformations structurelles, des changements systémiques, il faut arriver à la phase de l'écologie culturelle. Sans la culture, ciment de la société, l'écologie restera un projet à la marge, à équilibrer avec d'autres intérêts. La culture, c'est la conduite du changement, c'est faire sauter les verrous bloquants de la peur de changer. La culture, c'est aussi l'acceptation de l'écologie comme concept « intime, psychologique et émotionnel[7] », et non seulement technique. La culture permet l'empathie, le récit commun et définit la société.

Plusieurs piliers permettront de bâtir cette nouvelle phase : la culture étant la trajectoire entre le passé, le présent et le futur, il faudra valoriser les référentiels écologiques de notre histoire, nombreux et sous-exploités. L'écologie doit trouver sa place dans les musées, les lieux mémoriels, les religions et les programmes scolaires. Notre système politique est façonné par des symboles républicains - hymne, drapeau, fête nationale... - qui constituent son identité, la nouvelle république écologique nécessitera la construction de nouveaux symboles autour du vivant. Au niveau local, il est nécessaire de revoir intégralement les habitudes partagées, par exemple en instaurant des menus en circuit court, végétariens et saisonniers dans toutes les cantines publiques. L'impact carbone et symbolique serait vraiment fort. Mais aujourd'hui, on y trouve encore des tomates en hiver... Changer la culture de notre pays est le seul moyen de sortir de l'impasse.

Mais l'histoire se raconte *a posteriori*. Par exemple, nous voyons la Révolution française comme un moment précis incarné par la symbolique date du 14 juillet 1789. Mais ce n'est que sous la IIIe République, en 1880, qu'une loi adopte le 14 juillet comme jour de fête nationale annuelle. L'enracinement de la République passe alors par l'adoption d'un ensemble de symboles par le biais notamment de cette fête nationale. C'est en fait quand les républicains prennent le pouvoir qu'ils décident de créer un historique républicain, *a posteriori* de l'histoire.

Penser que la révolution écologique adviendra sans écologie politique au pouvoir est une ineptie. Alors que nous comprenons tout juste l'écologie scientifique, l'écologie politique devrait déjà être au pouvoir pour instaurer l'écologie culturelle.

L'écologie culturelle connaît déjà des avancées. Un pas notoire a été fait dans notre Code civil par l'adoption de la loi Pacte qui réconcilie le travail et l'intérêt général. Cette loi, qui permet aux entreprises de devenir « entreprises à mission » en choisissant une raison d'être, remet du sens dans la création de valeurs. Elle pallie en partie la crise de sens globale que nous traversons depuis la pandémie et qui entraîne des démissions dans tous les secteurs. Pour 66 % des Français, le travail construit l'identité[8]. La même étude montre même que 58 % des 18-34 ans continueraient de travailler s'ils gagnaient au loto. Le travail structure la vie car il donne une mission aux individus, une raison d'être. Donc, contrairement à ce que l'on pourrait penser, ce n'est pas le travail qui est en crise, mais bien le sens. « Le secret de la vie est d'avoir une mission, une chose à laquelle vous donnez tout... Et le plus important, c'est que ce soit une chose totalement hors de portée[9]. » Ainsi, les utopies font avancer le monde car elles animent des citoyens et créent de l'espoir.

L'écologie culturelle est une clé pour sortir du piège de la consommation dans lequel nous sommes. Mai 68 s'achevait sur ce constat de Jean Baudrillard : « Comme la société du Moyen Âge s'équilibre sur Dieu et sur le diable, ainsi la nôtre s'équilibre sur la consommation et sur sa dénonciation. » Il n'est plus question d'équilibre, cette religion est une addiction et l'une des principales causes de la destruction de la planète. La société de consommation nous enferme dans un sentiment de culpabilité sur nos rares moments de latence, pourtant nécessaires à l'équilibre mental et psychologique de tout être humain[10] et à celui de la planète, ce qui laisse un sentiment de vide, qui crée de l'anxiété voire de la dépression. En sortir demande un véritable effort psychologique et spirituel. La culture peut aider notre civilisation à nous reconnecter à l'essentiel.

Déployer de nouveaux récits

Le pouvoir appartient aux imaginaires collectifs, l'imagination est le lieu de l'action, le lieu qui crée l'existence et suscite une manière d'être au monde. Ces deux derniers siècles, nous avons choisi la raison comme imaginaire pour guider le monde et avons adapté nos récits. Nos identités collectives sont basées sur ces récits dominants voulant que la terre et l'homme soient des machines, et qu'il convienne de faire de la mécanique pour résoudre les problèmes du monde. Cette vision se retranscrit dans tous les pans de la société, notamment les indicateurs économiques qui ne savent pas analyser la réalité du comportement humain. L'aide aux personnes précaires échoue en grande partie pour cette raison : elle se concentre sur les biens matériels, sur des critères objectifs, comme le domicile, l'alimentation ou l'hygiène. En réalité, ce sont principalement des critères psychiatriques et sociaux qui conduisent les personnes qui vivent dans la rue à se désocialiser et leur donner accès à une douche ou un lit ne suffira pas à régler leurs problèmes. Ce constat est fait par de nombreuses associations de terrain qui ont un regard précis de la situation, car elles ont justement un regard de terrain. À Paris, il y a moins de 3 000 personnes SDF. D'un point de vue mécanique, ce n'est pas très compliqué de reloger 3 000 personnes pour résoudre un problème. Pourtant, ce n'est pas la solution. Ce dont ont besoin ces personnes est de se reconnecter avec la vie sociale, de réparer une blessure profonde d'abandon ou d'exclusion et cela, les indicateurs ne savent pas le mesurer.

Penser la société écologique nécessite de sortir de cette vision. De plus, si le monde est une machine, il lui faut beaucoup d'énergie. Prendre le temps de discuter avec un SDF est neutre en carbone.

Si nous apprenions à regarder différemment, nous pourrions déployer une culture de la sobriété heureuse et non de la sobriété effrayante. Puisque le récit narratif fait notre identité, pour conduire la transition écologique il faudra gagner la bataille des imaginaires. Pour le moment, le récit est bloquant. C'est comme si nous prenions le problème à l'envers, nous cherchons à passer à l'action sans avoir préparé la société au préalable. C'est ce qui fait tomber les débats politiques sur des enjeux écologiques dans du technique et les rend très ennuyeux. Quand les politiques parlent d'éolien, de gestion des déchets, de voitures électriques, ils brûlent des étapes. Il est impossible d'emporter l'opinion ainsi ; ce qu'il faut déployer, c'est un nouveau regard, de nouvelles représentations qui produiront de nouvelles réalités.

Pour bâtir une identité, il faut pouvoir s'identifier à des histoires, des figures. Or, les jeunes générations développent beaucoup d'éco-anxiété en imaginant le futur. Quelles sont leurs perspectives d'épanouissement dans le monde de 2050 d'après les rapports du GIEC ? Les changements climatiques auront entraîné des migrations de masse, des crises économiques et des guerres. L'eau, le blé et les matières premières manqueront, ce qui aura des conséquences dramatiques. Le pire peut s'imaginer... mais le meilleur aussi.

Voici par exemple une projection négative issue de l'épisode « Le monde en 2050 » de Podcast Story[11] :

« 21 juillet 2050 – Paris, France :

Il est 9 heures du matin, l'air est déjà chaud, pesant. Flâneurs, touristes et joggeurs ont déjà déserté les rues goudronnées, je croise quelques téméraires qui s'aventurent dans la ville en empruntant les parcours ombragés. On profite d'une relative fraîcheur matinale, dans quelques heures, traverser la rue deviendra une épreuve. Il est à peine 9 heures et le thermomètre affiche déjà 36 degrés, la France suffoque sous la canicule depuis deux semaines. La chaleur est emprisonnée dans les structures en béton et l'asphalte qui couvre les rues. Plus tard dans la journée c'est pire, entre 43 et 45, les métropoles sont des fournaises. Paris la minérale s'est transformée en ville verte, pas pour faire joli, c'était une question de survie. Tous les espaces existants ont été utilisés : potagers verticaux sur les façades, jardins suspendus sur les toits, espaces verts sur les parkings. On a fait comme on a pu pour verdir une ville déjà très bâtie. Paris a beau s'armer, le climat change trop vite. J'ai parcouru quelques centaines de mètres et j'ai l'impression d'avoir fait un footing. Avec la surchauffe, la respiration s'accélère, le cœur bat plus vite, la peau se couvre de sueur, les vaisseaux sanguins se dilatent. Passé un certain point, le corps n'arrive plus à s'adapter et finit par lâcher. »

Scénario cauchemar. On peut aussi choisir un autre récit qui pourra nous aider à trouver un autre chemin. Isabelle Delannoy, autrice de *L'Économie symbiotique*[12], propose une projection positive :

« Tu me demandes comment c'était avant, quand j'avais ton âge. C'était étrange. On était dans une période de flou total. On voyait les grandes menaces arriver, mais on n'avait pas réussi à leur donner un sens collectif. Ça change tout, tu sais, le sens collectif, avoir une vision de l'avenir et savoir que c'est un chemin. Nous n'en avions plus alors. Puis les choses se sont progressivement retournées en quelques années. Ça a commencé vraiment au début des années 2020. La grande pandémie combinée avec le début des événements climatiques extrêmes et simultanés à de multiples endroits du globe a créé un électrochoc. Chez nous, on a enclenché un autre développement. Un développement régénératif de nos ressources. On s'est laissé inspirer par plein de modèles qui apparaissaient un peu partout et on en a ensuite inspiré d'autres. Je ne sais pas comment on aurait fait face aux désordres climatiques sans cela.

Les villes n'étaient pas des jardins comme aujourd'hui. Il y avait beaucoup de circulation. Imagine, on avait chacun notre voiture. C'était infernal. L'agglomération a investi avec des industriels pour créer des voitures assemblables sur place, elle a proposé une flotte à laquelle chacun pouvait avoir accès et elle a ouvert l'investissement à la population. C'est comme ça qu'on est devenus investisseurs de notre voiture. Ce que tu connais aujourd'hui pour ton smartphone, tes équipements de la maison, etc. Avant on achetait tout, et quand ça tombait en panne, on jetait et on rachetait. Les objets étaient fabriqués à l'autre bout du globe et on transportait toute cette masse. Aujourd'hui, comme les fabricants restent propriétaires, ils réutilisent les composants des anciennes machines vers les nouvelles. Plus de pénuries. Et comme les accords se sont multipliés avec les collectivités pour créer des ateliers d'assemblage locaux, plus de transport. Et des emplois. Aujourd'hui, tu commandes un vêtement d'un créateur à Pointe-à-Pitre et il est fabriqué dans l'atelier textile d'ici. Avant, le végétal était très rare dans la ville, avoir vue sur un arbre ou un parc, cela pouvait faire grimper le prix d'un logement !

On ne réutilisait pas l'eau comme maintenant. Aujourd'hui, nos eaux usées passent par les jardins aquatiques qui les épurent et vont ensuite irriguer les jardins maraîchers ou sont filtrées pour revenir dans le circuit des habitats. Rien de tout cela à l'époque. Il n'y avait presque plus aucune végétation sauvage dans les campagnes. Puis il y a eu un virage obligatoire et massif de l'agriculture vers la permaculture, l'agro-écologie et l'agroforesterie. Dommage qu'on ait si attendu. On aurait fait ça progressivement tout de suite, nous n'aurions pas eu ces soulèvements. On a complètement changé d'économie. On a favorisé partout les solutions fondées sur la nature pour absorber le carbone, contribuer aux équilibres planétaires comme toutes les autres espèces vivant sur terre. On a transformé l'industrie en une industrie de l'usage et non plus de la possession. »

Voilà deux scénarios possibles pour 2050. Le premier paraît plus probable, mais nous pouvons toujours décider collectivement de nous projeter vers des futurs désirables. Trouver un but et bâtir de nouvelles sociétés autour de récits communs, voilà ce qui nous permettrait d'avancer. « L'imagination est une révolution en soi », c'est ce que nous dit Rob Hopkins dans ses ouvrages. L'urgence écologique est telle qu'elle nous forcera dans les prochaines années à repenser la plupart des choses : finance, transports, alimentation, systèmes énergétiques, et tout cela dans un laps de temps très court. Dans le système mécanisé du monde, l'imagination est un sujet secondaire, la culture est un sujet mineur, « non essentiel ». Pourtant, c'est l'imagination qui a le pouvoir de guider nos sociétés en produisant des récits créatifs de possibles enthousiasmants. Avant de chercher des solutions pour la gestion des déchets ou le parc automobile, il faut savoir dans quelle direction aller. Pour atteindre notre objectif, à savoir pouvoir continuer à vivre sur une planète habitable dans des conditions décentes, il va falloir être capable de rêver le futur, de le rendre désirable, enviable. La bataille se joue donc dans les imaginaires, les récits de société. C'est d'ailleurs, à travers l'histoire, ce dont il a toujours été question. Les récits, c'est bien ce que mettaient en œuvre les bâtisseurs de cathédrales. En trois siècles, entre 1050 et 1350, près d'une centaine ont surgi de terre en France. Les bâtisseurs mouraient avant de voir le résultat de leur œuvre, mais ils participaient à un récit plus grand : celui de construire des civilisations.

La civilisation est définie comme l'ensemble de phénomènes sociaux - religieux, moraux, esthétiques, scientifiques, techniques - d'une grande société. Pour Victor Hugo, la « civilisation n'est autre chose que le mode de végétation propre à l'humanité », ce mode est à réinventer et nous avons déjà de nombreuses solutions pour le rendre compatible avec celui de la nature et des cycles.

Chapitre 5

Entrer dans la civilisation écologique

« En économie, l'outil le plus puissant n'est pas l'argent, ni même l'algèbre. C'est un crayon. Parce qu'avec un crayon vous pouvez redessiner le monde. » C'est ainsi que débute *La Théorie du donut* de l'économiste Kate Raworth, ouvrage qui fera date. Faussement naïve, cette phrase est en fait profonde et structurante, elle est la clé qui nous manque pour sortir de l'impasse dans laquelle nous sommes. Nos cadres politiques, économiques et sociaux nous enferment, alors la première chose à faire est d'en redéfinir les contours, d'ouvrir son esprit à d'autres possibles. Le pouvoir de réussir la transition écologique réside dans notre capacité à préciser un dessein, un but, ainsi qu'un dessin, une organisation. Partout des idées germent, des modèles alternatifs se développent et des citoyens prennent conscience de l'urgence. Cela tend pour le moment à créer des sociétés à vitesses multiples qui nous éloignent, distendent nos liens sociaux et menacent notre cohésion. Les élites du monde entier sont tentées de faire sécession avec l'humanité, ce que nos fictions dystopiques ont déjà illustré. Dans la série *3 %*, l'élite vit dans des conditions optimales tandis que le reste de la population dans des conditions déplorables et la saga *Hunger Games* est fondée sur le même principe. « Quand une société se met à détruire la base des ressources dont elle dépend, elle sera bien moins apte à changer d'attitude, si elle est également stratifiée, avec une petite élite coupée des masses[1]. » Échapper à ces scénarios catastrophiques implique d'accepter l'effondrement de notre civilisation industrielle pour en bâtir une nouvelle basée sur notre interdépendance avec le vivant.

La sobriété heureuse, vraiment ?

Comment pourrions-nous défendre un modèle qui va à rebours de nos modèles de progrès ? Malheureusement, la première réponse pragmatique à apporter est que nous n'avons pas le choix. Le système du vivant s'effondre, la sixième extinction de masse se produit sous nos yeux. Nous avons déjà éradiqué plus de la moitié des mammifères sauvages, des poissons, des insectes et des arbres, et cela continue à grande vitesse. Les thèses d'effondrement sont souvent critiquées car elles sont terrifiantes. Popularisées en France par les auteurs de best-sellers, Pablo Servigne et Raphaël Stevens, elles n'ont pas pour but de nous rendre anxieux, mais résilients. Ils envisagent l'effondrement comme « un processus géographiquement hétérogène qui a déjà commencé, mais n'a pas encore atteint sa phase la plus critique, et qui se prolongera sur une durée indéterminée. C'est à la fois lointain et proche, lent et rapide, graduel et brutal. Cela ne concerne pas seulement les événements naturels, mais aussi (et surtout) des chocs politiques, économiques et sociaux, ainsi que des événements d'ordre psychologique (comme des basculements de conscience collective)[2]. » La collapsologie est un courant de pensée transdisciplinaire défini comme « le processus irréversible à l'issue duquel les besoins de base (eau, alimentation, logement, habillement, énergie, etc.) ne sont plus fournis à une majorité de la population par des services encadrés par la loi[3] ». Ce qui est souvent mal compris, c'est que l'essence de la collapsologie est de nous permettre, en regardant la réalité en face, de nous projeter vers des imaginaires d'adaptation, de reconstruction et de création. Elle nous offre un cadre nouveau qui permet de faire un pas de côté et de penser autrement pour anticiper les bouleversements systémiques que nous allons connaître. Dans les vingt ans à venir, nous verrons des pans entiers de notre société péricliter et se faire remplacer par des structures d'adaptation, c'est la triste vérité. Pourtant, les experts de l'effondrement sont très critiqués, considérés comme « catastrophistes ». Si ce courant de pensée fait peur, c'est qu'il a pour particularité de ne pas chercher à mettre en garde contre des risques potentiels d'effondrement, mais de partir du principe que ce dernier est désormais inéluctable. Il effraie ceux qui pensent encore que « le pire n'est pas certain », mais à en croire le GIEC, à moins d'un miracle, il vaut mieux s'y préparer. Faire face, sortir de notre déni, est donc la première condition pour faire sortir la fourmi de son cercle. Ainsi, la sobriété ne devient plus une alternative barbante, mais une solution pragmatique au problème que nous regardons en face. Mon premier argument est donc que nous n'avons pas le choix.

J'ai commencé l'écriture de ce livre avant que Bruno Le Maire ne dégaine son col roulé et que Poutine ne nous impose une forme de sobriété énergétique. C'était presque impossible jusqu'alors de faire entendre le besoin de sobriété à des dirigeants économiques, c'est toujours très compliqué. Pourtant, la sobriété ne symbolise pas un retour à la Préhistoire. La décroissance, la sobriété, ces mots qui semblent s'opposer au progrès et à la prospérité des peuples. Mais l'erreur commune est de confondre décroissance et récession : l'inverse de la croissance n'est pas la décroissance, c'est la récession. Celle-ci est regrettable car elle a conduit par le passé à des drames sociaux et politiques. La récession est un recul du produit intérieur brut, la décroissance quant à elle est la politisation de la valeur sobriété. Il s'agit de politiser, d'institutionnaliser une autre vision du monde. La sobriété a une définition simple : la distinction entre l'utile et le superflu. Les confinements nous en ont donné une démonstration[4]. Il s'agit de se satisfaire de ce qu'on a sans désirer plus. Lexicalement, la sobriété est l'opposition de l'ébriété. Notion présente dans la philosophie depuis toujours, elle est chez les épicuriens la condition essentielle du bonheur. Dans cette logique, on s'interroge légitimement sur de nombreux aspects qui composent nos vies : *quid* de la 5G ? de la livraison à domicile ? du marketing ? de la viande à chaque repas ? Voici la question aux fondements de notre changement de civilisation : qu'est-ce que le progrès ?

Pour le moment, c'est la croissance que nous assimilons au progrès. Théoriquement, elle est supposée créer de l'emploi, alimenter le budget de l'État – ce qui permet de réduire la pauvreté et les inégalités – et augmenter le bien-être. Depuis les années 1930 et l'invention de la macro-économie, nous évoluons dans cette croyance que la croissance finance la prospérité d'une nation. C'est vrai, elle en est un moyen et a permis un développement inédit des populations : baisse de la mortalité infantile, augmentation des conditions de vie et de travail, augmentation de l'espérance de vie, la croissance a, au XXe siècle, permis le développement humain au moins dans nos pays occidentaux, et, disons-le, les écolos qui le nient sont de mauvaise foi. Mais, passé un certain stade, la croissance ne permet plus le développement humain. Produire plus de richesse ne permet plus de mieux redistribuer. Nous n'avons pas encore ouvert le grand chantier du XXIe siècle sur ce sujet, indépendamment de la crise écologique, qui est comment améliorer la qualité de vie des Français ? Les crises sociales successives nous le montrent et laissent penser que la transition écologique est une opportunité politique de taille. Mon deuxième argument est donc que ce changement de paradigme vers la sobriété heureuse est une opportunité sociale.

L'idée n'est pas d'abandonner la croissance du jour au lendemain, ce serait trop compliqué, mais de diversifier les moyens de développement humain ; mais pour cela, il faut comprendre que « l'augmentation de la production de marchandises de marché n'est pas directement corrélée avec le bien-être[5] ». La croissance est un moyen, mais ne peut pas être le seul. La première étape de la transition écologique est de faire accepter notre capacité à créer de la prospérité sans, ou avec peu, de croissance[6]. Une croissance linéaire ne peut pas fonctionner dans un monde circulaire. Pour gaspiller moins de ressources, toutes les marchandises doivent être produites de manière à pouvoir être utilisées le plus longtemps possible. Ainsi, l'économie circulaire propose un cadre prometteur. Elle repose sur la sobriété, c'est-à-dire que la production doit se concentrer sur l'essentiel et oublier le superflu. Ce qui est produit doit être éco-conçu, en prenant en compte les impacts environnementaux et sociaux des ressources utilisées, mais aussi ceux de l'ensemble du cycle de vie d'un produit. Enfin, elle doit traiter la question du déchet, de la seconde vie du produit. Elle est en accord avec les principes physiques de notre planète, le fameux « rien ne se perd, rien ne se crée, tout se transforme ». Cette économie propose simplement un modèle basé sur le bon sens. Ainsi la valeur sobriété permet-elle d'installer un modèle économique différent : réduire la production et la consommation – essentiellement des pays riches – pour rétablir l'équilibre entre l'économie et le monde vivant tout en améliorant la redistribution des richesses. Car les pays les plus pauvres sont déjà dans une forme de sobriété contrainte : 50 % des plus pauvres de la population mondiale sont responsables de 70 fois moins d'émissions de gaz à effet de serre que 1 % des plus riches. La sobriété est déjà de mise chez eux. Mon troisième argument est que l'économie circulaire est le moyen économique pour transiter de l'hypercroissance à la sobriété, ce moyen est largement documenté scientifiquement et de plus en plus expérimenté, c'est une solution réelle pour sortir de l'addiction à la croissance.

La valeur sobriété peut nous aider à construire un système économique plus complexe que la croissance qui permettra de prendre en compte les besoins des populations dans le cadre physique posé par la planète. Le terme « décroissance » est mal choisi politiquement. Il provoque un amalgame avec la récession et arrive trop tôt dans le débat d'idées alors que nous n'avons pas encore déconstruit la corrélation entre croissance et progrès. Quel que soit le nom choisi, l'idée est d'ériger une valeur, la sobriété, et d'en faire un modèle politique. Cela ne signifie pas figer l'économie, mais la remettre au contraire en action de manière circulaire et non plus linéaire, c'est-à-dire satisfaire les besoins essentiels sans dépasser les limites planétaires. C'est ce que propose *La Théorie du donut* de Kate Raworth qui imagine un modèle économique en forme de donut : le petit cercle est le minimum social, ne jamais descendre en dessous de certaines conditions sociales qui préservent la dignité humaine, le grand cercle est le maximum écologique, ne pas dépasser les limites planétaires. Au milieu, une économie à fluctuation se met en place, alliant circularité et même croissance dans certains cas essentiels. Kate Raworth ne se dit pas décroissante, elle laisse plutôt tomber cette dichotomie stérile pour ouvrir le champ des possibles.

Cette valeur est déjà présente dans notre système, là où nous en avons le plus besoin : au cœur de nos armées. L'armée a une colonne vertébrale de valeurs qui permet de coopérer en anticipant les pires situations possibles. Ces valeurs transcendent les identités pour créer des communs supérieurs. La frugalité est au cœur de cette culture, car le métier du militaire est de développer sa capacité à s'adapter en respectant son environnement. Les militaires passés par Saint-Cyr sont envoyés en mission commando en Guyane où pendant 90 heures ils doivent se débrouiller en pleine jungle. C'est Koh Lanta ! Ils doivent s'approprier leur environnement sans y laisser de trace. En apprenant à connaître la nature, ils la respectent et lui en prennent le minimum. Ils mesurent l'interdépendance des êtres car c'est le vivant qui va leur offrir des conditions d'existence. Les armées ont un véritable cadre culturel. Elles sont un haut lieu d'innovation pour notre modèle de société, aussi paradoxal que cela puisse paraître. Le monde militaire est d'ailleurs bien axé avec la politique, il n'a pas vocation à définir les règles, mais à les exécuter, tandis que le monde économique en est complètement désaxé au point que l'État ne sait plus poser de cadre. Étendre la valeur de la sobriété à l'ensemble de la société en l'inscrivant dans nos principes constituants permettrait de redessiner notre système économique : produire moins et mieux afin de passer d'une économie extractive à une économie régénérative.

Bâtir une économie régénérative

Pour créer des produits, nous immobilisons des matières premières que, plus tard, nous jetons. L'idée de l'économie régénérative est de dépasser cette contradiction en permettant, par la production, de régénérer nos sols, nos économies et nos emplois. Il s'agit de réconcilier la prospérité de la nature avec celle de l'homme en adoptant une nouvelle logique sociale et politique qui ne nous conduise plus à dominer la nature, mais à en épouser les règles.

Les modèles régénératifs sont nombreux : le biomimétisme, par exemple, promeut l'idée que le vivant est le laboratoire de recherche et développement le plus performant du monde car il est vieux de 3,8 milliards d'années et tout ce qu'il en reste est, par définition, résilient et durable. Par exemple, le byssus, colle que l'on trouve entre les moules et les rochers, qui retient les mollusques contre vents et marées, est biodégradable et autant, voire plus performant que la glu industrielle, qui est toxique. La vie crée des conditions propices à la vie, c'est cela l'économie du vivant. Côté humain, nos cerveaux ont adopté un autre logiciel, celui de contrôler son environnement.

C'est ainsi que nous avons introduit des engrais dans l'agriculture et mis en place des systèmes de production et de consommation linéaires qui se veulent plus performants que le modèle cyclique du vivant.

La nature crée des technologies sobres en énergie, résilientes, qui ne produisent pas de déchets. Gaudi disait : « l'architecte du futur construira en imitant la nature car c'est la plus rationnelle, durable et économique des méthodes ».

Nous disposons d'un laboratoire en open source ouvert à tous, mais pour que la nature soit copiée, cela nécessite de coopérer. Pour le moment, les biologistes et les ingénieurs ne sont pas amenés à se parler dans le cadre professionnel. L'ère industrielle a hiérarchisé le monde et les organisations à l'image d'un schéma tayloro-fordiste. Le modèle pyramidal de notre organisation du travail est obsolète, il empêche la coopération et le développement des savoir-faire. Or, ce dont nos sociétés ont le plus besoin, c'est d'hybridation, de rencontre avec l'altérité. Nous sommes malades de cette verticalisation. Bâtir des politiques ambitieuses en matière de coopération, dès l'école où on apprend chaque discipline indépendamment les unes des autres, serait bénéfique tant pour notre cohésion sociale que pour la transition écologique.

Parmi les modèles alternatifs, la thèse d'Isabelle Delannoy sur l'économie régénérative repose sur le partage de l'information plutôt que sur celui du produit. « Si j'ai une pomme et que je vous la donne, je perds ma pomme. Si j'ai une idée et que je vous la donne, je ne la perds pas, je la multiplie. » L'information est un bien qui se multiplie par le partage et se développe, une idée en appelle une autre, etc. Il faut déplacer le génie humain de l'extraction, quantité, masse, forces, vers l'information, les liens et les synergies. « L'économie d'aujourd'hui est dégénérative et pratique la division par défaut. L'économie de demain doit être régénérative et pratiquer la distribution à dessein[7]. » Les individus peuvent devenir des participants à part entière de la régénération des cycles de la terre.

Nous avons basé notre développement sur l'idée qu'il fallait choisir entre l'homme et la nature, qu'il se ferait à ses dépens. Toutes les conceptions « écolo-friendly » du moment, le net zéro 2050, les programmes RSE, visent à faire le « moins de mal » possible à la planète. L'étendue des désastres nous fait voir le système humain comme essentiellement destructeur des ressources. Mais l'humanité appartient au vivant, et l'économie régénérative nous propose de devenir des alliés de la planète en bâtissant un système qui accélère la vie et favorise la diversité. Alors oui, il va falloir démentir Bacon et Descartes pour sortir de l'homme « maître et possesseur » du rationalisme occidental moderne. Il va également falloir quitter la croissance économique pour chercher la croissance cyclique du vivant. Cette nouvelle civilisation est en train d'émerger. Dans mon premier livre, je parlais d'une révolution douce à l'œuvre dans notre pays et même dans le monde entier. Partout, on retrouve des architectes du monde de demain, des créateurs de solutions, des porteurs de résilience. L'enjeu est désormais de prendre le pouvoir, que ces modèles alternatifs deviennent majoritaires et qu'on entre, enfin, dans le monde nouveau.

Définir de nouveaux indicateurs de prospérité

« Une croissance qui s'accompagne de la dégradation des milieux naturels – et de la détérioration des conditions de vie humaine – peut-elle être qualifiée de développement ? » écrivait René Passet[8]. Nous avons vu que la corrélation entre la croissance et la prospérité n'était pas évidente. Le premier indicateur à changer est donc le PIB car il ne mesure ni le dérèglement climatique, ni la destruction de la biodiversité, ou la dérégulation des écosystèmes. La transition écologique ne pourra pas fonctionner tant que le PIB dominera. Il faut en prendre conscience. Le PIB ne mesure pas les défis du XXIe siècle, c'est un indicateur unique qui est censé résoudre tous les problèmes : ces dernières années, avoir de la croissance signifiait à tort avoir des politiques publiques sociales. Le système américain est un bon exemple, les politiques publiques n'orientent pas les recettes vers le système de santé. Sous couvert de croissance économique, il y a un appauvrissement social et écologique masqué. La croissance économique est l'augmentation du PIB qui mesure la valeur de marché de tous les biens et services produits dans un pays. La croissance signifie la quantité de transactions monétaires dans un pays. C'est une « calculatrice géante[9] » qui permet de mesurer l'activité d'une nation. Cet indicateur ne mesure donc pas l'investissement dans les politiques publiques et soutient la croissance. Or, la croissance est une idée fausse puisqu'elle repose sur l'infinitude des ressources.

Aucun pays n'a jamais mis fin à la pauvreté sans croissance économique, mais aucun pays n'a jamais mis fin à la dégradation écologique avec la croissance économique. Voici donc l'énigme[10] à résoudre. C'est vrai que certains partisans de la décroissance manquent parfois de mesure et occultent les besoins de redistribution des populations. Concrètement, sans argent produit, pas de redistribution. Le problème est que nous avons basé toutes les politiques publiques sur cet indicateur et que nous en avons fait une religion. La première étape est donc de repositionner la croissance, lui ôter son positionnement central et dominant dans nos systèmes pour la balancer avec d'autres indicateurs de performance de nos sociétés.

De nombreux auteurs ont proposé des alternatives. Il y a l'idée d'un indicateur d'espérance de vie proposée par Éloi Laurent. L'idée est que vivre vieux et en bonne santé est une volonté universelle, demandez à qui vous voulez si c'est un objectif, je pense que vous n'obtiendrez que des réponses favorables. La Nouvelle-Zélande s'est dotée d'un indicateur de bien-être, première mondiale en matière de façon de mesurer les progrès économiques. Cet indicateur est accompagné d'un budget qui permet d'augmenter les dépenses publiques en matière de santé mentale, d'allocations pour les populations indigènes, de lutte contre la pauvreté infantile et les violences familiales. Ce budget crée une approche différente de la gouvernance. Son vote au Parlement a été argumenté par le fait que de nombreux citoyens ne bénéficient pas de la croissance économique que connaît le pays dans leur vie quotidienne et qu'il fallait remédier à la lacune du capitalisme : les inégalités entre les nantis et les démunis. L'idée de mesurer le bien-être n'est pas nouvelle, mais c'est la première fois qu'elle est placée au centre des politiques publiques. Ce nouvel indicateur positionne la santé mentale comme élément central du bien-être de la nation, ce qui est particulièrement adapté à nos sociétés faisant face à une crise de santé mentale. Nous l'avons vu, ce qui donne un sens à la vie humaine, ce sont les liens sociaux qui interagissent avec l'espérance de vie. Quelles sont les politiques sociales du XXIe siècle ? En France, nous n'avons même pas de vision politique sur ces sujets... La richesse économique est un moyen au service du bien-être des populations. Et non une fin. C'est là que nous avons fait erreur. Notre économie est basée essentiellement sur deux flux, financiers et marchands, alors qu'une société regorge de flux qui ne sont pas pris en compte. J'ai découvert dans le livre de Flora Clodic-Tanguy[11] la théorie des cinq flux de Duc Ha Duong. « La théorie des cinq flux n'existait pas et pourtant, elle m'a paru d'une évidence... Elle part d'un constat implacable : la mécanique extractiviste est à bout de souffle. La schizophrénie vie personnelle/vie professionnelle de la société de consommation ne fonctionne plus : il faut trouver de nouvelles manières d'être heureux. Duc prône le retour dans nos organisations des trois flux non marchands essentiels : la connaissance, la confiance et les émotions. » Ainsi nous pourrions bâtir une économie à cinq flux qui nous permettrait de prendre en compte la société dans nos systèmes économiques. La connaissance scientifique aurait alors une place institutionnelle, cela pourrait éviter que les pesticides soient toujours en vente par exemple, ou que la pêche industrielle continue de détruire nos océans. La confiance permettrait de décentraliser durablement et de créer un système émancipateur pour les citoyens. Enfin, la prise en compte des émotions assurerait une meilleure gestion de la précarité et des plus fragiles.

La santé est un commun universel que nous n'avons plus assumé dans nos sociétés, en témoigne l'état des hôpitaux publics. Le premier impact du réchauffement climatique concerne la santé humaine, nos systèmes économiques vont détruire de plus en plus notre santé : alimentation industrielle, pollution de l'air, canicules. Je n'ai pas trouvé d'étude qui étudiait conjointement les vies sauvées par la croissance et les vies détruites par le réchauffement climatique, mais nous pouvons imaginer que le ratio s'inversera prochainement.

Au niveau des entreprises aussi, des indicateurs existent et permettent de faire évoluer le financement du capitalisme. Pour sortir du capitalisme actionnarial orienté simplement vers la recherche de profits, la triple comptabilité permet des progrès structurels. La performance est comptabilisée sur trois volets : sociale, environnementale et économique. Elle intègre au bilan comptable une valorisation financière des effets de son activité sur la société et sur l'environnement, que ces effets soient positifs ou négatifs. Cela permet, de manière tangible et incontestable, de formaliser la valeur financière des enjeux environnementaux et sociaux et donc d'intégrer la RSE au cœur de la stratégie de l'entreprise.

Ces quelques exemples illustrent le potentiel des indicateurs sur nos modèles. On mesure ce qui nous semble important, nous pouvons redéfinir l'important.

Prendre le pouvoir

Quelle que soit votre situation personnelle et professionnelle, vous avez le pouvoir de vous mettre au service de la transition écologique. Se réconcilier avec le vivant, refuser la consommation excessive, adopter un mode de vie sobre, éduquer ses enfants, refuser un travail destructeur... Les leviers sont nombreux et ils appartiennent à chacun d'entre nous. Une révolution du pouvoir est en cours depuis trente ans, elle érige de nouveaux pouvoirs[12] qui permettent à des idées de faire le tour du monde en quelques heures. Ces nouveaux pouvoirs appartiennent à la masse, à chacun de nous selon des coefficients puissants et imprévisibles et permettent en un instant de faire bouger une civilisation. En quelques heures, des centaines de milliers de femmes témoignaient avec le hashtag #Metoo, levant l'omerta et révolutionnant notre rapport au sujet des violences sexuelles. À même pas vingt ans, Greta Thunberg s'est fait connaître dans le monde entier et suscite un véritable emballement émotionnel, quoi qu'on en pense. Grâce à ces nouveaux pouvoirs, nous devenons tous des bâtisseurs de civilisation potentiels, en un temps record. Le pouvoir traditionnel, tel qu'il a été exercé jusqu'au début des années 2000, s'est transformé. Historiquement vertical, avec une influence détenue par un nombre limité de personnes, le pouvoir s'est démultiplié pour devenir horizontal. L'expertise n'appartient plus qu'à une élite, mais est devenue accessible à tous. Cela nourrit l'envie de participation et d'influence des populations et créera dans les années à venir des rapports de force inédits entre les peuples et les gouvernements.

Pour le moment, nous sommes coincés dans un « triangle de l'inaction[13] » : les entreprises attendent d'être légalement contraintes par l'État, qui attend la volonté des citoyens, qui eux, attendent des offres de la part des entreprises. En pointant la responsabilité de l'autre, les parties prenantes justifient leur inaction alors que la gravité de la situation justifie que chacun déploie une conscience et une action. L'écologie ne peut plus être une « patate chaude », elle doit être un levier de développement.

Sur la question du temps, nous avons également plus de pouvoir que jamais pour accélérer. Nous n'avons jamais eu la possibilité d'aller aussi vite : tous les deux jours, nous produisons plus de données que l'humanité en a créé en des millions d'années. Le pouvoir d'influence est exponentiel, et les changements culturels peuvent arriver plus vite que jamais. Rien ne pouvait prédire que Greta Thunberg aurait autant d'impact, il y a peut-être une autre jeune fille qui a fait pareil dans son école et qui a simplement changé la mentalité de deux, trois personnes autour d'elle.

Nous avons la capacité, dans des proportions totalement non mesurables, de changer le cours de notre civilisation, alors plus on élève son niveau de conscience personnel plus on met les chances de son côté. Car la transition écologique est avant tout une affaire de culture. Nous sommes la civilisation et nous sommes la culture, c'est là qu'est le pouvoir. Chacun de nous peut s'emparer d'un sujet professionnel, personnel, faire évoluer sa conscience, donc sa culture, et donc la civilisation. Libre à chacun de nous d'entrer dans cette civilisation écologique horizontale, transfrontalière. L'écologie est une question de conscience collective, elle demande de porter attention à des choses qui aujourd'hui nous paraissent dérisoires : la provenance de son alimentation, de ses achats, l'impact de ses comportements, mais aussi notre capacité, nos leviers, ce qui, grâce à nous, peut faire avancer la transition écologique. Un journaliste peut informer, un chercheur peut se spécialiser, un salarié peut s'engager, un parent peut éduquer, un artiste peut créer... L'écologie est une question inédite car c'est la première fois qu'une question de conscience ne peut pas attendre, mais nous disposons également d'outils inédits qui nous permettent de créer une civilisation plus vite que jamais.

Chapitre 6
Conduire le changement

Construire des politiques écologiques

Pour le moment, les partis dits « républicains » ne sont pas capables de construire des politiques écologiques viables et tangibles.

Les amateurs de « la gauche de gouvernement » - qui ont la capacité de freiner l'impact du néolibéralisme dans les politiques publiques - ont peur de la radicalité, mais être radical ne veut pas dire être contre, cela signifie simplement aller à la racine des choses pour aider à pousser. Reconnaître que l'enjeu écologique est systémique nous invite nécessairement à la radicalité. Pourtant, cette gauche qui épouse le libéralisme en y ajoutant des valeurs sociales a abandonné le combat écologique car elle rejette cette radicalité, ne mesurant pas l'échec de son action politique, refusant de penser l'alternative. Ces partis appartiennent au courant des « paralysés » : à l'idée de réformer la

PAC pour construire un système agricole différent, ils vous répondront que c'est à l'Union européenne de décider. À l'idée d'arrêter les constructions de projets climaticides comme le projet EACOP de Total qui consiste à construire le plus grand pipeline de la planète en Ouganda, ils vous répondront que les enjeux économiques sont importants. Mais ce projet devrait émettre 34 000 tonnes de CO_2 par an, quelle considération peut rivaliser avec celle-là ? Ils vous répondront que les transformations structurelles prennent du temps. Mais c'est bien le problème, nous n'avons pas de temps. Cette impasse nous mène au chaos. Ces générations appartenant politiquement à ce que l'on qualifie parfois de bloc républicain - à savoir le grand centre - sont devenues inconscientes de l'impasse. Elles ne font même plus de politique, mais de la gestion administrative. De leur côté, les partis extrêmes sont les seuls à encore défendre une vision, et ça se reporte directement dans les urnes.

Les problèmes de gouvernance dépassent d'ailleurs largement la question écologique. Les partis au pouvoir ont cessé de vouloir comprendre les Français alors que pour gouverner, il faut « comprendre ce qu'est le peuple et ce qu'il veut », écrit Machiavel.

Les sociétés religieuses d'antan étaient fondées sur la notion de bien et de mal car le but était d'élever les âmes vers le paradis. Les principes divins donnaient un but à nos sociétés car « la vie éternelle donne le sens à la vie terrestre[1] ». Machiavel rompt avec le bien comme clef de voûte du projet politique. Il renverse le paradigme en affirmant que le bien ne doit pas être le socle de la décision politique car ce n'est pas fonctionnel. Le socle doit être plutôt les intérêts transcendantaux des hommes. C'est ainsi que plus tard, Thomas Hobbes écrit que la seule chose qui nous transcende, c'est la peur de la mort. Cette peur est un enjeu transcendantal qui légitime les gouvernements. Machiavel a fait de la gouvernance un but en soi. Pour gouverner la transition écologique, il faudra démontrer aux électeurs qu'elle est un enjeu transcendantal, ce qu'elle est. Aujourd'hui quand on parle d'écologie, certains imaginent une voiture électrique, d'autres une poubelle de tri, et non un changement de société, de civilisation qui nous conduirait vers une nouvelle ère. Entrer dans la civilisation écologique nous demandera un changement de paradigme basé sur la réconciliation au vivant, ce qui doit transformer nos systèmes politique et économique. Ce bouleversement permettra de recréer des identités communes pour bâtir des sociétés sur des enjeux de bien-être des humains et du vivant.

Ces vingt dernières années ont montré que la population avait besoin de reconnaissance, c'est le sens de tous les mouvements sociaux et contestataires qui ont émergé, des manifestations urbaines de 2005 aux Gilets jaunes. Ce besoin de reconnaissance se mêle à un besoin de protection, tous deux englobés dans la crise de sens que nous traversons. L'écologie est une réponse globale et transcendantale à nos problèmes politiques. Dans la réconciliation au vivant se trouvent des réponses à nos quêtes profondes.

Pour construire des politiques écologiques dignes de ce nom, il faut donc construire des rapports de force avec nos gouvernements. C'est le seul moyen d'obtenir des résultats. C'est la raison pour laquelle la secrétaire d'État à la Transition écologique appelait paradoxalement les étudiants à descendre dans la rue en 2018. La transformation politique relève de la confrontation entre l'éthique de conviction, c'est-à-dire la volonté de ne pas trahir une valeur ou de ne pas transgresser une norme, et l'éthique de responsabilité, c'est-à-dire de poursuivre un but. La capacité de transformer relève de l'équilibre atteint entre conviction et responsabilités. Cela interroge quant à la distance entre le réel et l'idéal, c'est la raison pour laquelle le changement prend du temps. Mais en matière écologique, l'action doit trancher. Plus le rapport de force politique sera favorable, plus il permettra d'avancer.

Pour créer du rapport de force, il faut faire évoluer les consciences collectives qui permettront à la politique de passer à l'action car elle n'est que le réceptacle de la société. La conscience écologique se développe plus vite que jamais, plus une journée ne passe sans que l'écologie ne soit citée dans les médias, c'est un travail d'influence de longue haleine qui porte enfin ses fruits. Dans notre société fragmentée qui vit dans des bulles cognitives, l'espace public se fait de plus en plus étroit, ce qui explique de tels écarts de conscience d'un groupe social à l'autre. Dans les années à venir, c'est inévitable, il faudra recréer des espaces publics de dialogue, d'influence et d'opinion pour empêcher que notre société ne se délite complètement. C'est la raison pour laquelle, après ma proposition de formation du gouvernement à la transition écologique dont je vous parlais plus haut, j'ai soumis aux services de la Première ministre l'idée d'une journée nationale de formation écologique. Une journée d'ampleur de formation pour tout le pays : écoles, universités, milieux professionnels, et cela opéré par nos armées... J'ai lancé l'idée comme un pavé dans la mare, mais je reste convaincue que c'est une solution correctement dimensionnée à l'enjeu. Nous avons besoin d'espaces communs.

Diriger le rapport de force

Il semblerait que tant que nous serons dans ce modèle institutionnel, nous n'arrivions pas à déclencher des réformes suffisamment profondes. C'est le principe du changement systémique. Pour l'instant, les activistes jouent avec les règles du jeu, cela a permis d'aboutir à des résultats symboliques très forts comme l'Affaire du siècle, quand une coalition d'acteurs de l'écologie a attaqué l'État en justice pour inaction climatique et a gagné. Après une bataille longue et fastidieuse de la part des ONG, la décision du tribunal administratif a reconnu la « carence fautive » de l'État - sa responsabilité -, car ne respectant pas les engagements qu'il a pris en matière de réduction des émissions de gaz à effet de serre. Pour la première fois, un « préjudice écologique » est établi, résultant du non-respect des engagements climatiques pris. L'État a même été condamné à réparer les conséquences de l'inaction climatique même si, pour le moment, rien n'a encore été fait. Le tribunal considère que « chaque sortie de route sur la trajectoire climatique constitue une faute qui doit être réparée ». Voilà le résultat du combat acharné de centaines de personnes, pendant trois ans, soutenus par 2,3 millions de personnes en ligne. Cette reconnaissance est énorme et minuscule. Énorme car elle devrait faire jurisprudence et permettre de reconnaître la responsabilité de l'État de manière structurelle, minuscule car elle se heurte à l'urgence. Certains activistes se battent depuis des décennies pour obtenir des évolutions législatives et n'y arrivent pas toujours. C'est ce que fait par exemple Claire Nouvian, dont le lobby d'intérêt général Bloom bataille contre les lobbys de la pêche industrielle. La pêche industrielle est problématique car elle diminue la taille des populations de poissons dans l'océan et ses outils comme les chaluts de fond sont destructeurs de la biodiversité marine et la structure des habitats. Vous avez peut-être vu *Seaspiracy* sur Netflix ou été alertés sur ce sujet au travers des différents canaux de sensibilisation, nombreux, mis en place ces dernières années. Pourtant, les supermarchés, les restaurants, les cantines publiques, les cantines privées, les fast-foods continuent de vendre et servir ces poissons. L'action est trop longue. Certes, il faut nourrir toute l'humanité, mais à quoi bon avoir des produits peu chers s'ils sont voués à disparaître dans un futur proche ? À quoi bon nourrir toute l'humanité si nous ne sommes pas capables d'assurer sa survie dans trente ans ? Pendant ce temps, Claire Nouvian et toute l'équipe de Bloom se battent au Parlement européen en essayant d'obtenir des évolutions qui n'arrivent pas, souvent bloquées par des députés français d'ailleurs. Infernal. Dans le même temps, des milliers de personnes chaque jour dans tous les pays du monde accèdent à la connaissance, se sensibilisent et modifient leurs comportements. Ils deviennent végétariens, tentent de faire évoluer leur profession, parfois démissionnent. Le changement est lent, mais il est en cours.

Il fut un temps où les lobbys étaient si peu démasqués que cela semblait complotiste de les pointer du doigt. Les lobbys des grandes industries font un travail redoutable et ce depuis l'émergence de l'ère industrielle. La différence entre eux et nous, les activistes, les soldats du monde d'après, ne tient qu'à l'argent. Ils ne sont pas plus puissants, au contraire, ce qu'ils ont à défendre est plus difficile que nous puisque nous, le bon sens est notre boussole. En revanche, ils ont de l'argent et l'argent c'est le pouvoir. Le lobbying est un travail de longue haleine, serein, progressif qui permet, par des investissements, de convaincre lentement l'opinion, les décideurs, etc. Ces dernières années, notre attachement à la transparence de la vie publique a permis de progresser sur l'encadrement des lobbys et leurs actions auprès de décideurs publics locaux doivent désormais être déclarées à la Haute Autorité pour la transparence de la vie publique. Les différents scandales ont permis, grâce au travail remarquable des journalistes d'investigation, de sensibiliser les consommateurs et de mettre le doigt sur les drames causés par des entreprises que les lobbys protègent. Enfin, les activistes prennent le pouvoir. C'est David contre Goliath, ils sont beaucoup plus forts, mais nous sommes bien plus rusés. Sur Instagram et Twitter, de jeunes activistes s'emparent de sujets industriels pour en révéler les crimes écologiques. La lumière s'allume et la défense s'organise, enfin.

La coalition EACOP mobilisée contre le projet climaticide de Total donne un espoir inédit. Ce projet paraît fou à l'ère des rapports du GIEC qui dénoncent l'injustice climatique. Le projet EACOP émettra 34 millions de tonnes de CO_2 par an. Pendant ce temps, Total continue d'affirmer son ambition « Net zéro 2050 ». En plus des émissions de dioxyde de carbone, le pipeline pourrait détruire la biodiversité sur des kilomètres et menacer les sols et l'accès à l'eau des populations locales. Les forces rassemblées donnent l'espoir d'une victoire. Mais rassembler de jeunes bénévoles à chaque dérive du néolibéralisme paraît une solution éphémère et transitoire. Changer les règles du jeu paraît donc le premier combat à mener pour conduire la transition écologique. Cela montre également à quel point tous les enjeux sont liés à la transition écologique : démocratie, pouvoir d'achat, économie, alimentation, agriculture... nos conditions d'existence commune sont menacées. L'enjeu est donc éminemment politique, au sens noble.

Quand je travaillais dans l'entrepreneuriat social et écologique, je découvrais chaque jour de nouvelles innovations, des Françaises et des Français qui inventaient des solutions pour favoriser le vivre-ensemble : colis consignables et réutilisables pour lutter contre le fléau des colis (en 2020, 1,5 milliard de colis ont été expédiés vers les foyers français) ; solution de financement participatif pour que les investisseurs soient maîtres de leurs investissements et évitent les placements sales ; bibliothèque d'électroménager où au lieu de partager des livres, on partage des objets. Mais toutes ces innovations, aussi pertinentes et impressionnantes qu'elles soient, ont le même problème : quand on est une start-up, il nous faut un modèle économique « scalable », c'est-à-dire qui peut vite grandir, être rentable, et même, souvent technologique ; ce sont les conditions pour être reçus par des investisseurs. Ces start-up ont beaucoup de mal à lever des fonds et donc à se développer, leur croissance est plus lente et leur impact moins rapide. Tandis que la start-up nation finance des projets inutiles toute la journée. J'ai rencontré beaucoup d'entrepreneurs qui soit abandonnaient leurs combats, soit renonçaient au profit pour créer à la place des associations. Ils ne trouvent pas la place d'entreprendre sans respecter les règles très exigeantes du marché. C'est pourquoi il faut changer les règles.

Nous ne sommes pas en guerre contre les énergies fossiles, nous sommes en guerre contre notre système économique. La génération au pouvoir a été biberonnée par l'idéologie néolibérale apprise en école de commerce. Ils ont appris à faire fonctionner le système économique sans le questionner politiquement. D'ailleurs, il est surprenant de voir à quel point certains diplômés des meilleures écoles de commerce ou d'ingénieur n'ont aucune grille de lecture des enjeux politiques. Mais la prise de conscience fait son chemin et nous assistons à plusieurs phénomènes qui vont dans le même sens. Le *big quit*, cette grande démission, analysée depuis la pandémie, permet à des millions de salariés de remettre en question leurs emplois pour des raisons écologiques. Dans le même temps, plus une cérémonie de remise de diplôme en grande école ne se passe sans qu'un discours écologiste ne s'y immisce. Les étudiants ne constatent plus simplement l'urgence climatique, ils remettent en cause le système économique. Nous y sommes, la prise de conscience de l'échec de notre modèle économique se répand. Les étudiants réalisent que les carrières auxquelles ils sont préparés sont les causes principales de l'effondrement écologique. Tant la finance et le marketing que l'on apprend en école de commerce que la mécanique de production que l'on apprend en école d'ingénieur, rien n'est compatible avec la transition écologique. Les jeunes diplômés réalisent qu'ils ne peuvent plus accepter un travail qui va à rebours des transitions, qu'ils sont « un des rouages du système[2] ». Chacun de ces rouages aura un impact positif ou négatif sur le système et les écosystèmes. Les jeunes diplômés peuvent redéfinir les règles du système par leurs choix personnels et professionnels. D'une certaine manière, l'effondrement de notre système est déjà en cours. Comment peut-on rêver d'étudier à Polytechnique ou HEC quand on est conscient de cela ? Je rencontre chaque jour des jeunes qui étaient dans les meilleures écoles du monde et qui ont claqué la porte par manque de sens. Ces jeunes pèsent dans la balance. Ils sont plus de 30 000 à avoir signé le manifeste pour un réveil écologique et des dizaines de milliers à rejoindre des associations écologiques. Au sein des entreprises, les pôles « marques employeurs » s'affolent face à de tels phénomènes, le manque de renouvellement des talents nuit à la croissance de l'entreprise. La prise de conscience individuelle est un puissant levier de changement collectif qui permettra de changer notre modèle de croissance et de repenser radicalement nos organisations. Qu'est-ce qui bloque ? Pour aligner la politique et l'écologie, il faut de la volonté politique et réconcilier les temps courts et longs[3]. Nos institutions et notre culture administrative agissent sur le temps long tandis que la vie politique s'exprime sur le temps court.

Faire valoir le droit

La reconnaissance est le point de départ de la politisation de l'environnement. C'est la raison pour laquelle des activistes écologistes se battent pour la reconnaissance juridique de la nature. De ceux qui souhaitent l'inscrire dans la Constitution aux animalistes, qui considèrent que les animaux sont dignes de considération morale, un large volet d'actions permettrait de reconnaître politiquement la situation. Pour exemple, l'octroi de la personnalité juridique à des entités vivantes est une voie particulièrement prometteuse pour garantir une protection accrue de la nature, qui a déjà été empruntée dans un certain nombre de pays (Nouvelle-Zélande, Inde, Équateur...). En reconnaissant le crime d'écocide, les atteintes à la nature seraient mieux réprimées et inciteraient les entreprises à modifier leurs pratiques, notamment en matière de déforestation. Valérie Cabanes, juriste en droit international, porte au niveau européen le plaidoyer pour la prise en compte du crime d'écocide depuis 2013. La planification écologique pourrait également être constitutionnalisée : comme la loi de finances, le gouvernement devrait chaque année présenter sa feuille de route écologique au Parlement qui débattrait autour de l'enjeu transcendent et universel de protéger le vivant. Notre vie publique est gérée par un équilibre budgétaire. La mission des hommes politiques est de prélever et dispatcher au mieux les ressources, c'est de la gestion à grande échelle. Avoir un budget carbone, la comptabilité à trois niveaux vaut pour les entreprises et la politique. Le budget carbone pourrait être contrôlé par le ministre du Budget qui veillerait à l'absence de déficit. Beaucoup d'outils juridiques existent déjà, il y a même, comme partout ailleurs, une inflation législative en la matière. Il semblerait que nous soyons très compétents pour nous fixer des objectifs, élaborer des stratégies et ne pas les appliquer. En 2008, nous avons lancé un plan pour réduire de 50 % les pesticides d'ici 2018. En 2018, 800 millions d'euros ont été dépensés à cet effet pour une augmentation des usages de 15 %. Le droit de l'environnement a plus de cinquante ans et pourtant il reste trop léger. Il y a eu certes des progrès, mais cela est insuffisant pour garder une planète habitable dans des conditions décentes. Le droit n'est qu'un moyen pour juguler les risques. Dans le cadre démocratique de l'État de droit, il devrait être notre meilleure arme. Le GIEC a annoncé que nous disposons des solutions nécessaires pour sauver la planète. Contrairement au scénario de *Don't Look Up*, nous savons désamorcer la comète. Bien sûr, le débat politique doit s'organiser sur les solutions, mais pour le moment, le curseur est mal placé : on se demande encore si on doit agir au lieu de prendre pour acquis l'action et de débattre la méthode. Nous sommes encore incapables de repenser nos modèles. Les leviers juridiques pour faire bouger l'État sont nombreux, notamment quant à l'organisation de ses services publics. L'État a une obligation de faire évoluer les services publics en fonction des besoins de l'intérêt général. Pour le moment, l'État ne s'adapte pas vraiment aux enjeux écologiques, notamment sur le développement de la résilience face aux changements qui vont advenir dans les années futures.

La première nécessité est de faire valoir l'urgence. C'est envisageable par l'instauration de l'état d'urgence. La Constitution anticipe ces états de crise avec l'article 16 qui autorise, en cas de nécessité, le président de la République à exercer une dictature temporaire. « Lorsque les institutions de la République, l'indépendance de la nation, l'intégrité de son territoire ou l'exécution de ses engagements internationaux sont menacées d'une manière grave et immédiate et que le président de la République prend les mesures exigées par ces circonstances. » Deux conditions doivent être réunies pour déclencher les pleins pouvoirs. La première, que l'État soit menacé de manière grave et immédiate, est applicable à l'urgence climatique. La seconde, que le fonctionnement régulier des pouvoirs publics soit interrompu, ne l'est pas. Pourtant, ces conditions ont permis ces dernières années de déclencher régulièrement l'état d'urgence : il a duré deux ans après les attentats de 2015 et près d'un an pendant la crise sanitaire. La notion d'urgence climatique a émergé en 1972 dans le rapport Meadows. En 2016, une ville australienne a déclaré l'urgence climatique puis en 2019, elle a été votée par le Parlement britannique. La même année, le Parlement européen adopte une résolution qui « demande instamment à la nouvelle commission de s'attaquer aux incohérences des politiques actuelles » et appelle à « une refonte en profondeur » des politiques d'investissement dans les domaines de l'agriculture, du commerce, des transports, de l'énergie et des infrastructures. Ce vote symbolique visait à élever la pression sur les dirigeants avant la COP25, mais n'a eu aucun effet. En France, l'état d'urgence est un outil constitutionnel puissant qui permet de sortir temporairement de la démocratie. Ce n'est pas une déclaration d'intention.

Un collectif de scientifiques[4] propose notamment de faire entrer à l'article premier de la Constitution : « l'État est garant du respect de l'empreinte écologique et des limites planétaires et de reconnaître constitutionnellement le statut de sujet de droit aux écosystèmes et à des éléments de ceux-ci comme les fleuves ou les glaciers ».

Autre idée, la généralisation de la loi Pacte, imposée à toutes les entreprises, permettrait de préciser la contribution au bien commun de chaque entreprise. Cela pourrait durablement régler la crise de sens qui conduit de nombreux salariés à quitter ces entreprises et dans le même temps à les responsabiliser structurellement.

Changer les règles

Une nouvelle république nous permettrait de prendre politiquement en compte le changement civilisationnel en cours. Lorsque la moitié de l'électorat vote pour des partis antisystèmes ou s'abstient, la Constitution mérite d'être révisée.

Nous l'avons vu, notre système fonctionne autour de la volonté du président de la République, en extrême verticalité, avec un scrutin majoritaire qui laisse trop peu de place aux petits partis ; nous sommes d'ailleurs le seul pays, parmi nos voisins européens, à avoir un système présidentialiste, tous les autres pays de l'UE ont un mode de scrutin mixte ou proportionnel, ce qui favorise les votes de conviction et les alliances démocratiques, l'union plutôt que la division. Cette nouvelle république pourrait permettre de définir le vivant et son mode de fonctionnement : la règle verte, proposition de Jean-Luc Mélenchon, selon laquelle on ne prélève pas davantage à la nature que ce qu'elle est en état de reconstituer. La décentralisation pourrait enfin être possible grâce au rôle des collectivités d'opérer la planification écologique mise en avant. Cela permettrait de définir nos communs, ce qui nous appartient collectivement : l'eau, l'air, les forêts, l'alimentation, le vivant, la santé et l'énergie. Nous pourrions alors organiser leur protection. Cette nouvelle république permettrait également d'institutionnaliser la démocratie participative et sortir du *consultation washing* dans lequel nous sommes de fait. Les institutions de la Ve République ne laissent pas de place aux consultations. Enfin, elle redonnerait du sens à nos institutions, au-delà du Parlement qu'il s'agira de redynamiser ; nous disposons d'outils sous-exploités comme le Conseil économique social et environnemental qui pourrait devenir une maison de la participation citoyenne.

Cette nouvelle république devra s'intéresser de près au sujet du vote car le déficit démocratique s'aggrave à chaque élection. Les chiffres sont alarmants : aux élections régionales de 2021, seuls 20 % des Français ont voté. Peut-on considérer que nous sommes en démocratie dans ces conditions ? Comment la façon dont nous votons peut nous aider à pallier les votes blancs, toujours pas bien reconnus, le vote utile, qui empêche la démocratie de s'exprimer, et la défiance croissante des Français envers les femmes et les hommes politiques qui, en jouant le jeu du système électoral, maintiennent des postes sans avoir emporté l'opinion ?

La racine latine du mot élection signifie « choix », et pourtant, le mode de scrutin actuel ne nous laisse plus jamais le choix. Chaque élection aggrave la frustration des Français et nous éloigne des transitions que nous devons conduire pour la survie de la planète dans des conditions décentes.

Parmi les réformes institutionnelles qui aideraient la révolution écologique, se trouve bien sûr la question du vote. Le suffrage majoritaire empêche les différentes voix de se faire entendre et est, en partie, responsable de l'énorme décalage qu'il y a entre l'écologie présumée des Français et leur comportement électoral. Pour exemple, en 2022, l'écologie était considérée comme troisième priorité d'action politique par les Français, après le pouvoir d'achat et la sécurité, et 65 % des Français se disaient prêts à changer de mode de vie pour être plus en adéquation avec la préservation de la planète, tandis que l'écologie politique, incarnée par Europe Écologie les Verts, représentait 4,6 % des voix dans les urnes. Changer la façon de voter semble une piste de réflexion intéressante pour ouvrir des possibilités de changement.

Le collectif Mieux Voter soutient le jugement majoritaire. Cette méthode de vote, inventée par deux directeurs de recherche du CNRS, Rida Laraki et Michel Balinski, change la donne. Concrètement, les électeurs ne votent pas en mettant le nom de leur candidat dans l'enveloppe, mais en évaluant tous les candidats présents, *via* une mention comme : excellent, très bien, bien, assez bien, passable, insuffisant, à rejeter… Le candidat obtenant la meilleure mention remporte l'élection. Les chercheurs ont prouvé par leurs travaux que le jugement majoritaire est la méthode de vote la plus fiable pour mesurer l'opinion tout en mettant fin à ce qui empêche les électeurs de s'exprimer : le vote utile, le vote par défaut ou le vote blanc.

L'Union européenne prend des positions de plus en plus concrètes pour lutter contre le réchauffement climatique et échappe à l'écueil des organisations internationales de n'être qu'incitatives car elle détient un pouvoir de contrainte. Nous ne pourrons réussir la transition écologique tous seuls, à 27 nous sommes déterminants. L'Union européenne est délaissée par les politiques nationales, elle n'échappe pas à l'écueil d'être illisible et trop technocratique. Pourtant, elle est une prouesse institutionnelle qu'il faut protéger.

Porter une nouvelle incarnation

La question de la crise de leadership et d'autorité pourrait faire l'objet d'un livre entièrement dédié tant la gouvernance est le sujet clé qui précède et rend possible ou non les transitions. Pourtant, en France particulièrement, nous avons du mal à nous questionner sur les représentations. On lit régulièrement que le président de la République dort deux heures par nuit, comme si c'était un gage de sérieux ! Une personne qui dort deux heures par nuit depuis plusieurs années est nécessairement en détresse physique et psychique. C'est un fait. Et pourtant, on nous vend encore ce récit tordu qui rompt tout espoir d'authenticité de nos dirigeants. L'an dernier, la Première ministre néo-zélandaise Jacinda Ardern a décidé de démissionner de sa fonction car elle ne s'en sentait plus à la hauteur, une première interrogeant sur la capacité des dirigeants. « J'espère que je laisse derrière moi l'idée que l'on peut être gentille et forte, empathique, mais décidée, optimiste, mais concentrée, que l'on peut être ce genre de leaders qui savent quand il est temps de partir. » Un dirigeant politique qui assume sa faiblesse est encore plutôt inédit. Est-ce lié au genre ou à une forme de leadership genré ? Ce qui est sûr, c'est que la France est très mauvaise pour mettre les femmes au pouvoir. Avant 2012 et le premier gouvernement paritaire, nous étions classés tout en bas du classement mondial, entre le Bangladesh et le Soudan, sur la représentation des femmes en politique. Quel lien entretiennent les Français avec leurs dirigeants ? Cécile Duflot a dit un jour : « Les Français seront prêts à élire une femme présidente si elle est ménopausée. » Pourquoi un lien aussi évident est-il fait entre le genre et le pouvoir ? Comment peut-on assimiler le pouvoir si naturellement à la force physique et aux illustrations du masculin ? Nous avons du mal à lier les aspects du féminin au pouvoir alors que ceux-ci sont directement liés au *care*, à l'empathie, à l'organisation du foyer, celle-ci étant d'ailleurs l'étymologie du mot « économie ». Il y a pourtant moins de 1 % de femmes qui s'expriment sur des thématiques économiques dans les médias. Ces représentations tordues sont générales dans nos systèmes patriarcaux et inversent beaucoup de logiques comme celle d'assimiler les femmes à la faiblesse alors que leurs corps sont suffisamment forts pour endurer grossesses et accouchements. Même quand les femmes prennent le pouvoir, elles sont limitées à un leadership d'homme, c'est-à-dire une question d'espace donné ou non à certaines attitudes, certains comportements, certaines façons d'être ou d'agir. Les femmes doivent emprunter les codes des hommes pour exister dans leur monde, le monde du pouvoir : Angela Merkel, Michèle Alliot-Marie, Marine Le Pen, Martine Aubry n'ont pas vraiment montré leur part de féminin. Soit parce qu'elles n'en ont pas, soit parce qu'elles ont dû l'occulter pour exister dans un monde où ce sont les codes du masculin qui dominent, tailleur sobre, attitude froide, distance. Jusqu'à présent, les femmes ont souvent été des hommes politiques comme les autres. Certaines, comme Ségolène Royal, ont essayé de porter un leadership au féminin, expérimentant une réticence puissante de la société, mais surtout des hommes politiques autour d'elle. Je ne crois pas que les partis de gauche aient mieux compris le lien entre patriarcat et transition que les autres. Précisons que de nombreuses femmes pensent aussi de façon patriarcale et sont parfois encore plus masculines dans leur rapport au pouvoir que les hommes. Le patriarcat est encore suffisamment enraciné dans la société pour se fondre subtilement dans toutes ses composantes. Lorsque nous parlons de problèmes systémiques, cela nécessite de déconstruire le système et donc d'interroger le patriarcat. Nous avons besoin de réinventer le leadership. Celui-ci ne fonctionne plus, sinon nous ne serions pas en train de cramer la planète. Et si changer les chefs permettait de changer le monde ?

Le patriarcat n'est pas une critique des hommes, simplement parce qu'il n'existe pas un type d'hommes unique, c'est « un système de codes et de valeurs, de règles et de lois visant à spécifier la manière dont les hommes et les femmes doivent se comporter et être au monde[5] ». C'est une culture fondée sur la binarité et la hiérarchie, un système social qui établit des hiérarchies. Si la thèse de ce livre est que la clé pour sortir de l'impasse écologique est culturelle, au sens de civilisationnel, nous ne pouvons faire abstraction de la culture patriarcale qui domine dans nos sociétés. En établissant une hiérarchie entre les sexes, le patriarcat établit un rapport au pouvoir genré, valorisant une vision masculine sur la vision potentiellement féminine. Le sujet du rapport au pouvoir est double : faire qu'un maximum de femmes occupe des postes de pouvoir ne suffira pas à créer un nouveau leadership plus favorable aux transitions, il faut aussi se demander comment occuper le pouvoir différemment, comme Jacinda Ardern par exemple, qui sait renoncer au pouvoir en assumant son incompétence à un moment donné. Marie-Cécile Naves, sociologue spécialiste du genre, étudie les aspects féminins et masculins du leadership. Le masculin est vertical, autoritaire, sans empathie, qui voit les erreurs comme marque de faiblesse et encourage donc à ne pas reconnaître ses erreurs. Tandis que le féminin encourage le *care*, l'empathie et le bien-être. Nous pensons que ce leadership est universel et neutre, alors qu'il est profondément genré.

Les crises que nous traversons auraient besoin d'un nouveau leadership car la gouvernance précède les transitions. Dans le féminin et le masculin, il y a des atouts différents et complémentaires. Attention à ne pas croire que seules les femmes ont accès au féminin et seuls les hommes au masculin, c'est un spectre dans lequel chacun est libre de se positionner. La question du leadership est une question de récits ; quels sont les symboles, les images qui nous viennent en tête lorsque l'on pense au pouvoir ? Pourquoi en politique voit-on le refoulement des émotions comme gage de sérieux ? Ce que l'on appelle la raison, est-ce si raisonnable que cela ? Les hommes dans les salles de marchés à Wall Street étaient-ils raisonnables ? Penser une donnée fausse, la croissance infinie, est-ce raisonnable ? Il y a un courant politique né dans les années 1970 qui met en évidence les liens entre la domination des femmes et celle de la nature, c'est l'écoféminisme. Il affirme que la solution aux crises écologiques passe forcément par l'émancipation des femmes et la libération de tous les êtres « altérisés[6] ». Au-delà de la question de l'égalité femmes-hommes, un nouveau leadership interroge les modèles dominants, ce que l'on considère être « la norme » et ce qu'on considère « anormal ». Il y a urgence à redéfinir culturellement le leadership pour réenchanter la politique, sans quoi les personnes saines continueront de fuir ce milieu malsain en crise de vérité, et « lorsque les dégoûtés s'en vont, il ne reste que les dégoûtants ».

C'est difficile de s'engager, d'accepter de regarder en face la misère du monde, de faire face aux failles du système, de déconstruire des croyances ancrées jusque dans les tripes. Lorsque l'on prend conscience de l'urgence écologique naît une angoisse parfois paralysante ; il n'y a alors qu'un remède : le passage à l'action. Le plus puissant des outils est de changer de posture idéologique, de sortir de sa bulle cognitive, d'accepter ces propos qui nous dérangent. Une fois la fourmi sortie du cercle, elle devient capable de questionner son environnement et surtout de mesurer son pouvoir, afin de pouvoir exercer ses responsabilités. Les 10 % des Français les plus riches ont une empreinte carbone largement élevée tandis que les 50 % des plus pauvres ont une empreinte presque limitée aux objectifs. Ces 50 % de Français les plus pauvres auraient à réduire leur impact carbone de 4 % tandis que les 10 % les plus riches devraient la réduire de 81 %. Selon votre positionnement économique au sein de la société, vous avez déjà une idée de votre responsabilité. Agir, ce n'est pas seulement théorique, c'est aussi un chemin progressif de reconnexion à la nature. Privilégier des activités naturelles en famille comme de la randonnée ou des promenades en forêt est un excellent moyen de créer un lien apaisant et de vouloir défendre ce qui nous émerveille. On le dit souvent, les consommateurs votent au quotidien avec leur porte-monnaie, alors prenons conscience, devenons des fourmis libérées parce que l'écologie est un moyen d'apaiser notre société, comme l'écrit Belinda Canonne[7], « le risque de l'enténèbrement a frappé notre époque, mais il faut d'autant plus persister à évoquer l'émerveillement. Car la construction du bonheur, le respect de chaque vie précaire, précieuse et susceptible d'accueillir les plaisirs en même temps que le labeur sont la marque de notre conception de l'existence. Ici est notre séjour, y porter un regard attentif est le plus sûr remède contre le nihilisme ».

Fragilité et émerveillement sont les deux termes utilisés par le philosophe Patrick Viveret pour décrire la Terre. Ce rapport à l'émerveillement et à la fragilité est aux antipodes de la géopolitique construite autour de la puissance, de la guerre, des frontières et des empires. L'émerveillement et la fragilité ne sont présents dans aucune doctrine idéologique. Et pourtant, ce sont les deux clés qui nous permettraient au contraire de nous tourner vers l'avenir pour penser une géopolitique humaniste pour affronter les défis inédits qui sont devant nous. La question qui demeure : notre désir d'humanité est-il plus fort que les logiques de destruction et de rivalité ? Ces deux notions d'émerveillement et de fragilité sont les bases d'un nouveau pacte humaniste pour construire les politiques publiques nécessaires à la survie de notre espèce. Les questions concrètes qui seront bientôt devant nous, comme la gestion des centaines de millions de réfugiés climatiques, auront besoin d'un traitement politique solidaire et coopératif tenant compte de notre interdépendance, rendant obsolètes les politiques rivales puisqu'elles ne profitent à personne. Organiser nos sociétés autour de la reconnaissance et de la beauté qui, au lieu d'être dans le fantasme de la domination, est au contraire dans la puissance créatrice, reconnaissant la fragilité. « La vulnérabilité est présente aux deux bouts de notre vie[8] » et nous informe d'une conduite, d'une posture à adopter. Nous savons les empires éphémères, Empires byzantin, romain, britannique, soviétique, et bientôt américain... tous disparaissent car aucun ne résiste à la tentation de l'ubris, la démesure. Démesure de l'espace sans doute, mais surtout démesure de la présomption de toute-puissance et d'éternité. La sobriété est un projet politique qui a toujours existé, éviter la démesure c'est être épicurien, c'est le *ne quid nimis* des Latins. La refondation de nos institutions politiques doit permettre de rompre avec l'illusion d'autonomie et de toute-puissance des hommes pour intégrer la notion d'interdépendance entre vivants au cœur de nos systèmes. Nous devons apprendre à nous concevoir comme partie prenante d'un tout, on en revient aux fourmis.

Conclusion

Le pouvoir de la fourmi

> « La génération des hommes est semblable à celle des feuilles. Le vent répand les feuilles sur la terre, et la forêt germe et en produit de nouvelles, et le temps du printemps arrive. »
>
> Homère,
> *L'Iliade* (VIIIe siècle av. J.-C.).

Nous avons le pouvoir de faire de la France une pionnière de la civilisation écologique. Conduire une vraie transition permettrait de reconstruire des récits nationaux salvateurs, d'influencer positivement et durablement le monde en ouvrant une voie, et retrouver une position de leadership sur la scène internationale par la création de partenariats favorables. Les forces vives sont prêtes : nous avons des scientifiques, des penseurs, des entrepreneurs, et une jeune génération qui bouillonne d'idées et d'envie de progrès. L'écologie est une opportunité, elle ouvre un chemin vers un monde moins inégalitaire qui apporte un mieux-être global lié à notre connexion au vivant. L'écologie est une réponse à la quête de sens de nos sociétés. Pour cela, nous devrons radicalement transformer notre modèle de prospérité[1] : sortir des idéologies pour créer des économies qui promeuvent la prospérité humaine, que le PIB monte, baisse ou stagne.

De ma réflexion sur ce qui nous empêche de réussir, je retiendrais principalement deux choses : la première, nous sommes empreints d'idéologies puissantes qui conditionnent notre société. L'idéologie dominante a des croyances et des mécanismes néolibéraux, qui empêchent le changement réel. La seconde est que le pouvoir politique n'est que le réceptacle de l'évolution des mœurs. Pour faire changer les politiques publiques, il faudra établir les conditions d'un vrai rapport de force structurel et structurant conditionné aux changements culturels.

Il ne faut pas s'y méprendre, pour le moment, la transition écologique n'a pas encore lieu dans les faits. Les décideurs politiques et économiques n'ont pas encore assimilé que la nature est la vie, qu'une action qui détruit la nature détruit la vie. Nous avons manqué beaucoup d'occasions d'enclencher le changement, chaque élection, sommet international, média, colloque devrait permettre de diffuser la valeur sobriété. Au cœur de la question écologique, il y a encore dans l'imaginaire collectif l'idée du sacrifice qui terrifie les élites économiques. Une partie d'entre elles a abandonné l'idée d'un monde commun, a fait sécession avec l'humanité et se partage le pouvoir entre quelques-unes. Des dirigeants illibéraux émergent partout autour de la planète, Elon Musk a privatisé la NASA et Marc Zuckerberg a le contrôle sur le lien social mondial. Au moment où nous avons le plus besoin de politiques publiques, le pouvoir se dissout, il devient imperceptible. Ce qui est subtil, c'est que c'est parfaitement indolore. Les populations occidentales ne l'ont pas remarqué, au contraire, elles sont celles qui leur en donnent toujours davantage. Dans notre système idéologique néolibéral, le pouvoir ne relève plus du militaire, mais du financier, les banques étaient nos armées au moment de l'invasion de l'Ukraine. Donald Trump a démontré à travers ses téléréalités, ses tours, et toutes ses folies économiques, qu'avec l'argent on a le pouvoir, que l'argent achète la liberté. Nos sociétés sont basées sur une conception du pouvoir de domination de quelques personnes sur l'intégralité des autres. Si les 50 chefs d'État et dirigeants les plus puissants décidaient de conduire la transition écologique, y arriveraient-ils ? Probablement. Malheureusement, le pouvoir est sorti de la sphère politique et, pour le moment, les milliardaires n'ont pas l'air d'avoir l'intention de nous sauver. Pour le reste, la plupart des acteurs économiques ont, il faut le dire, une conscience politique assez basse.

Nous sommes confrontés à un défi inédit dans notre histoire, pour la première fois une question de conscience collective ne peut pas attendre. Nous devons maintenant nous atteler à réparer notre relation au vivant et en finir avec notre système économique extractif. Renverser la pensée dominante, oublier deux siècles de modèle industriel, et modifier nos institutions en profondeur... et cela en quelques années, le plus vite possible. À nous d'être du bon côté de l'histoire. Les bâtisseurs de civilisations posaient des pierres de cathédrales sachant qu'ils ne verraient pas le résultat de leur œuvre, nous avons le pouvoir d'aller beaucoup plus vite.

Notes

Introduction. Le syndrome de la fourmi

1. Naomi Klein, *Tout peut changer : capitalisme et changement climatique*, Actes Sud, 2015.
2. Jean Birnbaum (dir.), *Où est le pouvoir ?*, « Folio essais », Gallimard, 2016.
3. Benjamin Constant, *De la liberté des Anciens comparée à celle des Modernes.*
4. Albert Camus, *Noces.*

Chapitre 1. Admettre l'impasse du système

1. « Nous avons le choix entre la solidarité et le suicide collectif », Antonio Guterres, secrétaire général de l'ONU.
2. Sondage BVA effectué la veille du début du Mondial.
3. Bertrand Badré, podcast VLAN.
4. Bruno Latour, *Mémo sur la nouvelle classe écologique*, La Découverte, 2022.
5. Paul Ricœur.

6. Jérôme Fourquet, *L'Archipel français*, Le Seuil, 2019.
7. Mark Carney, Banque d'Angleterre, 2015.
8. « Briser la tragédie des horizons », Alternatives économiques, juin 2022.
9. Garrett Hardin.
10. Dominique Méda, *Le Monde*, juin 2022.
11. Édito de Philippe Vion-Dury, *Socialter*.
12. Objectifs de l'accord de Paris.

Chapitre 2. Regarder l'anthropocène dans les yeux

1. Pablo Servigne et Gauthier Chapelle, *L'Entraide, l'autre loi de la jungle*, Les liens qui libèrent, 2019.
2. Benjamin Constant.
3. Les communs sont des ressources partagées, gérées et maintenues collectivement par une communauté.
4. Agence internationale de l'énergie, 8 mars 2022.
5. Naomi Klein, *Tout peut changer*, *op. cit.*
6. Selon l'expression de Bruno Latour, *Où atterrir ? Comment s'orienter en politique ?*, La Découverte, 2017.
7. *Retour dans l'espace*, documentaire Netflix, 2022.
8. Courant de pensée originaire de la Silicon Valley qui souligne la capacité des nouvelles technologies à résoudre les grands problèmes du monde, comme la maladie, la pollution, la faim ou la criminalité.
9. *Key performance indicators* - indicateurs de performance.

10. Kate Raworth, *La Théorie du donut*, Plon, 2018.

11. Le rapport Meadows en 1972 dénonçait les limites de la croissance.

12. En référence au discours de Macron sur la 5G.

13. Jean Viard, *La révolution que l'on attendait est arrivée*, éditions de l'Aube, 2021.

14. https://www.senat.fr/presse/cp20221201.html

15. https://www.sciencesetavenir.fr/nature-environnement/100-entreprises-responsables-de-plus-de-70-des-emissions-mondiales-de-carbone_114773

Chapitre 3. Gouverner les transitions : qui a le pouvoir ?

1. PTEF, The Shift Project, Jean-Marc Jancovici.

2. 3e volet du 6e rapport du GIEC.

3. Léo Cohen, *800 jours au ministère de l'impossible*, Les petits matins, 2022.

4. Rapport parlementaire sur « l'inflation normative », 2013.

5. Article 100-4 du Code de l'énergie.

6. Étienne Ollion.

7. Pierre Jacquemain, *Ils ont tué la gauche*, Fayard, 2016.

8. Discours du Bourget, 2012.

9. Eva Sadoun, *Une économie à nous*, Actes Sud, 2022.

10. Bertrand Badré, *Voulons-nous (sérieusement) changer le monde ?*, MAME, 2020.

11. Colin Mayer, Oxford.

12. BloombergNEF.

13. *Ibid.*

14. Masterclass néolibéralisme, BLAST.

15. Jean-Léon Beauvois, *Traité de la servitude libérale*, Dunod, 1994.

16. Michel Wieviorka, « Face à la “postvérité” et au “complotisme” », *Socio. La nouvelle revue des sciences sociales.*

17. En référence à *L'Archipel français* de Jérôme Fourquet, qui signifie que le pays est devenu une succession d'îlots, chacun vivant sur son îlot de croyances.

18. Pierre Charbonnier, *Le Monde*, 14 mai 2020.

Chapitre 4. Faire sortir la fourmi du cercle

1. Richard Heede, « Tracing anthropogenic carbon dioxide and methane emissions to fossiles fuels and cement producers ».

2. *Et si la santé guidait le monde*, Les liens qui libèrent, 2020.

3. Jacques Rancière, *Les Trente Inglorieuses, scènes politiques*, La fabrique éditions, 2022.

4. Robert Laffont, 2019.

5. Jean-Marc Jancovici, Yves Blain, *Le Monde sans fin*, Dargaud, 2021.

6. Sébastien Bohler, *Où est le sens ?*, Robert Laffont, 2019.

7. Patrick Scheyder, *Manifeste pour une écologie culturelle*, Éditions de l'ADN, 2022.

8. Étude Actual, « Étude sur le travail », mai 2022.

9. Henry Moore.
10. https://usbeketrica.com/fr/author/hugo-wiederkehr
11. Texte de Sophie Vo, lecture par Laury Thilleman.
12. Actes Sud, 2017.

Chapitre 5. Entrer dans la civilisation écologique

1. Jared Diamond.
2. Pablo Servigne, *Une autre fin du monde est possible - Vivre l'effondrement (et pas seulement y survivre)*, Seuil, 2018.
3. Définition d'Yves Cochet et Agnès Sinaï.
4. Hormis le choix politique terrible de se défaire de la culture.
5. Pablo Servigne, *Une autre fin du monde est possible*, *op. cit.*
6. Tim Jackson, « prospérité sans croissance ».
7. Kate Raworth, *La Théorie du donut*.
8. René Passet, *La Bioéconomie de la dernière chance*, Les liens qui libèrent, 2012.
9. Timothée Parrique, « Decoupling debunked : Evidence and arguments against green growth as a sole strategy for sustainability ».
10. Kate Raworth, *op. cit.*
11. Flora Clodic-Tanguy, *Nos voies de résilience, traverser les effondrements*, Massoy, 2021.
12. Jeremy Heymans, *The New Power*.
13. Pierre Peyretou, Medium.

Chapitre 6. Conduire le changement

1. Saint Augustin.
2. « Quel rouage serez-vous ? », discours HEC Graduation, 2022.
3. Léo Cohen, *800 jours au ministère de l'impossible*, *op. cit.*
4. *Retour sur terre, 35 propositions*, PUF, 2020.
5. D'après la définition de Carole Gilligan et Naomi Schneider.
6. *Plurivers*, Wildproject.
7. Belinda Canonne, *S'émerveiller*, Stock, 2017.
8. Patrick Viveret, OneHome feat, YouTube.

Conclusion. Le pouvoir de la fourmi

1. Dominique Bourg *et al.*, *Retour sur terre*, PUF, 2020.

Remerciements

Merci à mes parents pour tout l'amour, le soutien et la transmission d'une ouverture d'esprit fertile.

Merci à Muriel Beyer, Laurent Nunez et toute l'équipe de l'Observatoire pour avoir cru dans ce projet.

Merci à Mireille Schwoerer pour la maïeutique précieuse et à Laura Cohen pour l'amitié et la défense imparable.

Merci à tous les participants de la résidence d'écriture du Moulin Inattendu, en particulier à Adrien Cabo qui sait créer les conditions d'un partage sincère et Paul Herbert pour m'avoir, entre autres, montré cette vidéo où l'on voyait une fourmi prisonnière d'un trait de crayon !

Pour les nombreux échanges, discussions et relectures bienveillantes, merci à : Nicolas Détrie, Nicolas Antoine, Anthony Samama, Vincent Dallongeville, Chloé Hadida, Soline Kauffmann, Amandine Lepoutre, et bien d'autres.

Merci à toute l'équipe Coalitions/Brainswatt de rendre le travail joyeux et de vous engager si sincèrement au quotidien dans tous nos projets.

Enfin, merci à toutes ces femmes qui m'entourent et m'inspirent au quotidien par leur leadership et la façon dont elles réinventent les systèmes pour des futurs meilleurs : Elise Goldfarb, Julia Layani, Capucine Roméo, Eva Sadoun, Rachel-Flore Pardo, Laurie Darmon, Hanna Assouline, Fadila Leturcq, Zineb Ghafoor, Shani Benoualid, et toutes les autres...

Composition et mise en pages
Nord Compo à Villeneuve-d'Ascq

FSC
www.fsc.org
MIXTE
Papier issu
de sources
responsables
FSC® C022829

Imprimé en France
par la Nouvelle Imprimerie Laballery
rue Louis Blériot 58500 Clamecy
avril 2023 - N° 303771

La Nouvelle Imprimerie Laballery est titulaire de la marque Imprim'Vert®